SANDWICH

기초 시리즈 1 | **SANDWICH**

2판 1쇄 ○ 2020년 3월 2일(2000부)

지은이 ○ 최현정
편집 ○ 이은솔
교열 ○ 조진숙
사진 ○ 그리드 스튜디오 박재현, 최준호, 박인호, 백승환
촬영 보조 ○ 김나영
푸드스타일링 ○ 유진아, 원수경
디자인 ○ 렐리시 Relish
인쇄 ○ 규장각

펴낸이 ○ 장은실(편집장)
펴낸곳 ○ 맛있는 책방 Tasty Cookbook
    서울시 마포구 창전동 149-1 동원스위트뷰 614호
    ⓘ @tastycookbook
    ✉ esjang@tastycb.kr

ISBN 979-11-969787-1-6 13590
2020ⓒ맛있는책방 Printed in Korea

이 책은 저작권법에 따라 보호받는 저작물이므로 무단 전재와 무단 복제를 금하며,
이 책의 내용 전부 또는 일부를 이용하려면 반드시 저작권자와 맛있는책방의 서면 동의를 받아야 합니다.
책값은 뒤표지에 있습니다.
잘못 인쇄된 책은 구입하신 곳에서 교환해드립니다.

기초 시리즈 1 | 샌드위치의 기초 | 최현정 지음

SANDWICH

맛있는 책방

기초 시리즈의 첫 번째 저자는 음식 탐험을 즐기는 **최현정 셰프**입니다.
그는 CCA(California Culinary Academy-Le Cordon Bleu SF)와
CIA(The Culinary Institute of America NY)를 졸업한 후 미국의 다양한
음식 문화를 경험하며 현장에서 경험을 쌓았습니다.
한국에 돌아와 본격적으로 레스토랑 메뉴 개발에 몰두하게 됩니다.
식재료를 조합하고 연구해 맛있는 맛을 찾아내는 탐험가를 자처하며
수많은 음식을 개발했습니다.
매드포갈릭, 토니로마스, 파리바게뜨, 파리크라상, 패션 5,
비스트로 서울 음식 등을 거쳐 2014년부터 맥도날드의 메뉴 개발을 시작했습니다.
기존에 시도하지 않았던 식재료 조합을 통해 많은 히트 메뉴를 개발한
공로를 인정받아, 전 세계 맥도날드 직원 중 0.01%만이 선정된다는
'프레지넌트 어워드'를 수상하기도 했습니다.
음식 관련 저서로 그간 기록해온 레시피를 엮은 <한 접시의 기쁨>이 있습니다.

PROLOGUE

어느 날 요리책을 전문으로 출판하는 '맛있는책방'의 장은실 편집장과
이은솔 에디터가 광화문으로 찾아왔습니다.

"셰프님 기초 조리서를 시리즈로 내려고 합니다. 요리는 기초가 중요하잖아요."

그런데 어떤 기초 조리를 얘기하는 것일까? 한식, 이탈리안, 미국, 중식 등의 메뉴를
다양하게 개발해온 저로서는 궁금했습니다. 장은실 편집장은 '샌드위치'라고 말하더군요.
샌드위치? 그것도 기초 조리서로? 직설적으로 말하면 어려운 주제를 요청하는 것입니다.
샌드위치는 한입에 베어 무는 음식으로 모든 재료의 조합이 어떤 음식보다도 중요합니다.
일반 레스토랑에서는 숙련된 조리사가 각 요리 파트마다 배치되고 그들의 협업을 거쳐
하나의 메뉴가 만들어지고 음식을 받은 고객은 취향에 맞게 접시 속 음식을 조합하며
한입 한입 맛과 식감을 조절합니다. 그에 반해 샌드위치는 종류를 선택할 수 있지만 맛은
조절할 수 없습니다.

누구나 쉽게 만들 수 있는 요리지만 동시에 잘 만들기는 어려운 이유가 여기에 있습니다.
각 재료의 맛에 대한 이해가 필요하고 샌드위치에 맞게 해석하는 단계를 거쳐 조합해야
합니다. 오케스트라의 지휘자처럼 모든 재료의 개성과 쓰임새를 이해하고 각 상황에
맞게 조절할 수 있는 능력을 갖추어야 하죠. 시간이 지나도 재료 변화가 최소화되면서
샌드위치 주재료가 잘 드러나는 포장법까지도 구현해야 합니다.

샌드위치는 가벼운 간식은 물론이고 훌륭한 한 끼 식사로도 제 역할을 톡톡히 합니다. 그 종류도 다양해지고 완성도 역시 높아지고 있습니다. 들어가는 재료를 접시에 펼쳐보면 여느 식사와 다르지 않게 영양학적으로 균형이 잘 잡혀 있습니다.

보통은 식빵에 잼을 발라 먹다 햄, 치즈를 끼어 먹는 단계로 샌드위치를 접하게 됩니다. 간단한 재료부터 넣어 만들다 하나둘 재료를 추가하고 조합하며 다양한 맛을 즐기다 보면 본인에게 맞는 샌드위치를 발견하곤 합니다. 제게도 그런 샌드위치가 있는데, 프랑스 여행 중 먹어본 참치 바게트 샌드위치입니다.
바게트에 참치 샐러드의 수분이 스며들어 바게트가 단단하지 않고 쫄깃하더군요. 빵의 선택과 재료의 조화가 얼마나 중요한지 새삼 느끼게 된 순간이었습니다.

이 책은 기초 조리서이기 때문에 빵과 재료를 중심으로 다루었습니다. 샌드위치를 만드는 데 필요한 기초 지식을 곳곳에 기록해두었습니다. 책에 수록된 샌드위치를 만들 때는 계량을 정확히 지켜 제가 의도한 맛을 경험한 다음 기호에 맞게 재료를 조절해보세요. 그러다 보면 자신이 좋아하는 맛을 쉽게 발견하게 될 거예요. 서로 얼굴은 모르지만 저와 여러분 사이 약속을 하고 다음 페이지로 넘어가 볼까요?

CONTENTS

012 이 책을 읽는 법

PART 1 ▸ 샌드위치 빵의 기초

020 식빵
- 식빵의 종류 ········ ● 021
- 샌드위치용 식빵 두께 ········ ● 022
- 식빵 샌드위치 써는 법 ········ ● 024
- 식빵 샌드위치 등분법 ········ ● 026
- 식빵 조리법 ········ ● 028
- 식빵 보관법 ········ ● 030

032 치아바타
034 바게트
036 사워도우
038 베이글
040 크루아상

PART 2 ▸ 샌드위치 속 재료의 기초

044 단백질
- 참치 조리법 ········ ● 044
- 닭가슴살 조리법 ········ ● 045
- 베이컨 ········ ● 046
- 햄 ········ ● 048

050 유제품
- 버터 ········ ● 050
- 치즈 ········ ● 052

058 채소
066 과일
070 양념
072 소스

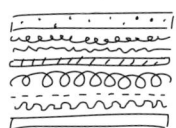

PART 3 샌드위치 레시피

080   샌드위치 만들 때 필요한 도구

082   **식빵 샌드위치**
- 부티크 샌드위치 ● 084
- 멜팅 모차렐라치즈 토스트 ● 086
- 통통한 오믈렛 샌드위치 ● 088
- 타르타르 달걀 마요 샌드위치 ● 090
- 햄&치즈 호밀 샌드위치 ● 092
- 반숙 달걀을 더한 아보카도 튜나 샌드위치 ● 094
- 캔디드 베이컨 BLT 샌드위치 ● 096
- 토종닭 클럽 샌드위치 ● 098
- 등심 스테이크 샌드위치 ● 100
- 과일 샌드위치 ● 102

106   **치아바타 샌드위치**
- 리코타 카프레제 치아바타 ● 108
- 그릴드 채소 치아바타 ● 110
- 아몬드루콜라 페스토 감자 치아바타 ● 112
- 구운 캐비지 버섯불고기 치아바타 ● 114

118   **바게트&사워도우 샌드위치**
- 신선한 토마토&파르미지아노레지아노 샌드위치 ● 120
- 크랜베리 치킨 사워도우 샌드위치 ● 122
- 담백 고소한 햄&치즈 바게트 ● 124
- 튜나, 토마토, 루콜라 바게트 ● 126
- 구운 닭과 버섯 바게트 ● 128
- 치즈 풍미가 강한 마루아유 바게트 ● 130
- 발사믹 식초에 졸인 양파와 리코타치즈 오픈 샌드위치 ● 132

136   **베이글 샌드위치**
- 베이글 스프레드 네 가지 ● 138
- 말린 토마토 크림치즈&올리브 초코 베이글 샌드위치 ● 140
- 마스카르포네 크림과 팥앙금 베이글 샌드위치 ● 141
- 훈제 연어&오이 양파 피클 샐러드 베이글 샌드위치 ● 142
- BELT(베이컨, 달걀, 레터스, 토마토) 베이글 샌드위치 ● 144
- 온리 포 유 러빙 베이글 샌드위치 ● 146

148   **크루아상 샌드위치**
- 킹 오브 더 햄 크루아상 샌드위치 ● 150
- 아삭아삭 양상추 치킨 크루아상 샌드위치 ● 152
- 소시지 스리라차 마요 크루아상 샌드위치 ● 154

DIRECTIONS

샌드위치
기초 책 설명서

이 책은 세 가지 파트로 나뉩니다. 샌드위치의 요소를 빵과
속 재료로 나누어 파트 1, 파트 2를 구성합니다. 앞서 다룬 재료를
맛있게 조립하는 방법을 파트 3에서 소개합니다.

Part 1
—
샌드위치 빵의 기초
Basic of Sandwich Bread

파트 1에서는 샌드위치에 쓰이는 빵을 집중적으로 다룹니다. 샌드위치의 도화지 역할을 하는 식빵과 치아바타, 바게트, 사워도우, 베이글, 크루아상을 샌드위치로 맛있게 활용하는 방법을 이야기합니다. 어떤 샌드위치를 만들어야 할지 고민이라면 우선 파트 1에서 좋아하는 빵을 골라보세요.

Part 2
—
샌드위치 속 재료의 기초
Basic of Sandwich Filling

파트 2에서는 샌드위치 속을 구성하는 다양한 식재료를 소개합니다. 누구나 아는 쉬운 식재료라도 사용하는 방법에 따라 샌드위치의 완성도가 달라집니다. 저자의 친절한 설명을 따라 샌드위치 속 재료를 준비해보세요.

Part 3
—
샌드위치 레시피
Sandwich Recipe

파트 3에서는 파트 1, 2에서 등장한 빵과 식재료를 조합한 맛있는 레시피가 등장합니다. 완성한 샌드위치를 효과적으로 포장하는 법도 곳곳에 있으니 참고해주세요.

PART 2 유제품 DAIRY PRODUCTS

버터 BUTTER

식재료를 샌드위치 용으로 다듬고 사용하려면 각각의 특성을 이해해야합니다. 샌드위치 관점에서 서술한 식재료 설명을 읽고 어떻게 사용하면 좋을지 생각해보세요.

버터는 녹아서 빵 속에 스며들거나 제 형태를 온전히 유지한 채 샌드위치에 고소한 감칠맛을 더합니다. 나라마다 고기 맛이 다르듯 젖소를 키우는 방식도 달라 우유 향과 진한 맛에도 차이가 있습니다. 제조사의 제조 공정에서 달라지는 유지방도 버터의 향과 맛에 영향을 줍니다. 저는 프랑스 노르망디 지방의 풀을 먹고 자란 방목소의 원유로 만든 이즈니 버터를 주로 사용합니다. 천연 버터이면서 색이 더 노랗고 산뜻한 뒷맛이 느껴집니다. 100% 우유로 만들어 더욱 진한 맛이 납니다.

용도별 버터 사용법

샌드위치 속 재료의 기초

슬라이스

슬라이스 치즈처럼 버터를 슬라이스해서 사용하는 샌드위치가 있습니다. 대표적인 예로 일본에서 넘어온 앙버터(버터 슬라이스 + 팥앙금) 샌드위치가 있죠. 슬라이스 버터는 깨끗한 표면이 중요하기 때문에 잘 드는 칼, 마른 행주, 차가운 버터를 준비해야 합니다. 버터 두께 0.2cm 안팎으로 칼을 일정한 힘으로 길게 밀어 한번에 썰어보세요. 썰 때마다 칼에 묻은 버터를 닦아주세요.

좋은 정보를 팁으로 배치해두었습니다.

TIP 트레이에 랩을 반듯하게 씌우고 재단한 버터는 겹치지 않게 한 개씩 놓혀 보관합니다.

스프레드

버터를 스프레드로 사용할 경우 미리 상온에서 보관해 부드러운 상태로 만들어야 합니다. 버터가 차가우면 빵에 바를 때 압력이 가해져 빵 표면이 눌리거나 찢어질 수 있고 고르게 바르기 힘듭니다. 버터는 30℃ 전후에서 녹기 시작하므로 용기에 담아 실온에 두어 사용하거나 전자레인지에 15~20초 정도 돌려 부드러운 상태로 만들어 사용합니다.

*일반 식빵 기준으로 빵 한쪽에 1Ts(약 15g)씩 바르면 됩니다.

알아두기

샌드위치를 만들 때 가염 버터와 무염 버터 중 어느 것을 사용해야 할까요?
샌드위치에는 가염 버터를 추천합니다. 입안에서 자연스레 녹듯 퍼지는 버터의 짭짤한 맛은 고소함을 배로 증가시켜 버터 맛을 더 진하고 깊게 전달하는 역할을 합니다.

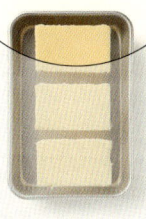

책을 읽으며 떠올릴 법한 궁금증을 정리해두었습니다. 저자의 친절한 답변을 읽어보세요.

PART 3 식빵 샌드위치

햄&치즈 호밀 샌드위치

Ham and Cheese Sandwich made on Rye Bread

샌드위치 레시피의 간략한 소개 글입니다. 재료 조합에 대한 팁도 등장하니 꼭 읽어보세요.

기본적인 햄, 치즈 샌드위치를 좀 더 맛있게 만드는 방법은 무엇일까요? 채소와 식빵에 포인트를 두면, 간단한 조합이라도 더욱 맛있어 보인답니다. 채소의 맛과 색이 풍부한 혼합 채소를 사용해 샌드위치의 부피를 풍성하게 살려보세요. 여기에 호밀 식빵으로 고소한 색감과 맛을 더하면 한층 더 풍미 좋은 샌드위치가 완성됩니다.

92

샌드위치 레시피

INGREDIENTS

호두 호밀 식빵 2cm 2장,
혼합 잎채소(프리제, 라디치오, 교나, 미니코스) 30g 58 페이지 참고,
홀그레인 겨자 마요 30g = 2Ts 75 페이지 참고,
체더치즈 2장, 린햄 4장, 소금·검은 후추 적당량

해당 페이지로 가면
더욱 자세한 레시피와
설명을 볼 수 있습니다.

RECIPE

① 프리제, 라디치오, 교나, 미니코스 등을 손가락 마디 정도로 잘라 섞는다.

② 호두 호밀 식빵을 토스터에 2분 정도 굽고 안쪽 면이 될 식빵 2장에 홀그레인 겨자 마요를 바른다.

③ 식빵에 체더치즈 2장을 올리고 그 위에 반으로 접은 린햄 4장을 올린다. 소금과 검은 후추를 뿌려 간을 한다.

④ 식빵을 덮고 샌드위치를 가로로 3 등분한다.

TIP 포장 팁

샌드위치에 고정 핀(이쑤시개)을 가로 3등분 기준으로 상중하 세 개를 꽂은 후 썰어 포장 박스에 넣어보세요. 이때 샌드위치 속 재료가 화려하게 보일 수 있도록 단면을 위로 가게 해서 담아주세요.

샌드위치를 효과적으로 포장하는 방법에 대해 적어두었습니다.

93

17

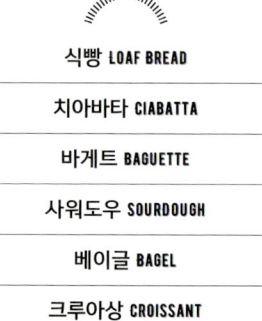

식빵 LOAF BREAD

치아바타 CIABATTA

바게트 BAGUETTE

사워도우 SOURDOUGH

베이글 BAGEL

크루아상 CROISSANT

Part 1

샌드위치 빵의 기초

Basic of Sandwich Bread

PART 1 | 식빵

식빵의 종류

식빵은 샌드위치에 가장 보편적으로 사용하는 빵입니다.
샌드위치용으로 식빵을 살 때는 주재료로 사용할 식재료의 특징을 고려해야 합니다.
속 재료의 질감은 어떤지, 샌드위치를 몇 등분할지 생각한 후 알맞은 식빵을 고르면
됩니다. 시중에 판매하는 식빵은 크게 두 종류로 나눠볼 수 있습니다.
산처럼 볼록하게 튀어나온 산형 식빵과 벽돌처럼 반듯한 직사각형의 풀먼 식빵,
이 두 가지에는 어떤 차이가 있을까요?

풀먼 식빵

산형 식빵

산형 식빵 ○ 山形

빵 반죽을 뚜껑이 없는 식빵 틀에서 발효 후 오븐에서 구우면 자연스레 산봉우리처럼 모양이 만들어집니다. 독특한 산형 모양으로 인해 2분의 1, 4분의 1 짝수 등분 시 동일한 양이나 모양으로 썰 수 없습니다. 샌드위치는 등분에 따라 모양과 맛이 변하므로 상황에 맞게 선택하는 것을 추천합니다.

풀먼 식빵 ○ PULLMAN LOAF

풀먼 타입 식빵은 뚜껑을 덮은 직사각형 식빵 틀에서 발효 후 구워 사방이 일정한 모양으로 만들어집니다. 네 면의 길이가 같기 때문에 완성한 샌드위치를 똑같은 모양으로 등분할 수 있습니다.

알아두기

샌드위치에 고소함과 따뜻한 색감이 필요할 때
호두 호밀 식빵
갈색빛이 도는 호밀 식빵에는 호밀 자체에서 오는 고소한 맛이 있습니다. 호두가 콕콕 박혀 있어 견과류가 오독오독 씹히는 식감이 재밌습니다. 샌드위치를 썬 단면에도 호두가 드러나 더욱 먹음직스러워 보입니다.

샌드위치에 이색적인 맛을 더하고 싶을 때
올리브 식빵
샌드위치 재료 사이에 들어 있는 올리브가 먹을 때 툭툭 떨어져 고민이었다면 올리브 식빵을 사용해보세요. 빵 속에 슬라이스한 올리브가 박혀 있어 흘러내리지 않을뿐더러, 햄이나 치즈만 더해도 샌드위치 맛에 풍미를 더할 수 있습니다.

샌드위치용 식빵 두께

1928년 미국에서 처음으로 통식빵을 슬라이스 형태로 판매했고, 그 이후 상용화되기 시작했습니다. 당시 두께는 1cm였으나 시간이 지나고 소비자들의 취향이 다양해지며 두께 선택의 폭이 넓어집니다. 빵 두께와 속 재료의 비율을 조절해 가장 맛있는 샌드위치 맛을 찾는 시도가 이어짐에 따라 샌드위치의 종류도 다양해졌습니다. 가벼운 속 재료를 넣는다면 얇게 썬 식빵으로 만들어 빵 맛이 재료를 덮지 않도록 하고, 풍성한 속 재료는 두툼한 식빵으로 만들어 맛의 균형을 이루는 식입니다. 기본적인 세 가지 두께의 식빵을 소개합니다.

0.7CM ▶ 가벼운 한입 크기의 샌드위치를 만들 때는 빵 맛이 재료를 덮지 않도록 얇게 썬 식빵을 사용하는 것이 좋습니다. 달걀 오믈렛을 넣는 샌드위치와 잼을 발라 먹는 샌드위치, 식빵이 세 장 이상 들어가는 클럽 샌드위치 등에 사용하는 것을 추천합니다.

2CM ▶ 가장 많이 쓰이는 두께로, 다양한 재료가 들어가는 샌드위치를 만들기에 적합합니다. 캔디드 베이컨 샌드위치와 BLT, 햄 치즈 채소 샌드위치 등 다양한 재료와 함께 샌드했을 때 빵과 재료 간 무게의 균형이 적당합니다.

3CM 이상 ▶ 두툼한 식빵으로 오픈형 샌드위치를 만들어보세요. 다양한 재료를 식빵 위에 안정감 있게 쌓아올릴 수 있습니다. 버터와 볼륨 있는 프레시 치즈, 과일 잼, 아보카도, 반숙 달걀프라이 등을 각각 또는 함께 올려 먹어도 좋습니다. 두툼한 식빵 두 장 사이에 어울리는 속 재료(44p 참치 필링 추천)를 넣어 만들면 한 끼 식사 대용으로도 든든합니다.

/ 샌드위치 빵의 기초

알아두기

통식빵은 언제 써는 것이 좋을까요?

식빵이 마르지 않도록 미리 속 재료를 준비해놓고 샌드위치를 만들기 직전에 써는 것이 좋습니다. 통식빵을 사와 슬라이스한다면 빵보다 길이가 긴 칼을 사용해 식빵을 몸 앞에 놓고 칼을 앞뒤로 움직이며 썰어야 합니다. 질감이 부드러운 산형 식빵은 원하는 두께로 썰기 어렵기 때문에 빵집에서 썰어오는 것을 추천합니다.

0.7cm

2cm

3cm

PART 1 　식빵

식빵 샌드위치 써는 법

샌드위치를 잘 썰기 위해서는 부드러운 케이크를 썰듯이 신중해야 합니다. 단단한 채소와 같은 식재료를 썰듯 힘을 가하면 빵이 납작하게 눌리거나 속 재료가 밖으로 튀어나오게 됩니다. 써는 방법을 익혀 깔끔한 단면이 돋보이는 맛있는 샌드위치를 만들어보세요.

굽지 않은 식빵
가장자리 썰기

구운 식빵
가장자리 썰기

/ 샌드위치 빵의 기초 /

1 ▶ 굽지 않은 식빵은 부드러움을 살리기 위해 식빵 양 끝을 양손으로 살며시 누르고 빵의 껍질 부분인 가장자리 네 면을 깨끗이 썰어냅니다.

TIP ▷ 썰어낸 빵 껍질은 살짝 구워 잼이나 소스를 곁들여도 좋습니다. 만약 구운 식빵을 사용한다면 바삭함을 고려해 마주 보는 두 면만 썰어주세요.

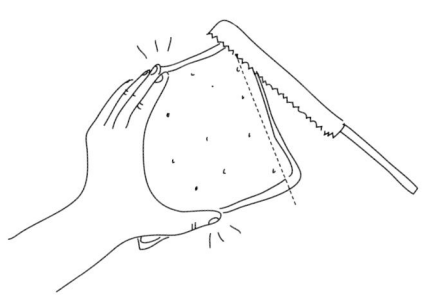

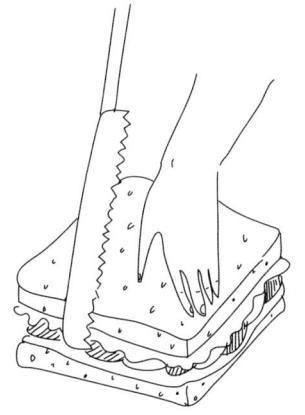

2 ▶ 식빵에 속 재료를 얹고 그 위에 식빵을 덮은 후 손가락으로 빵을 눌러줍니다. 샌드위치 끝 면에서부터 칼 끝을 세워 천천히 안쪽으로 들어오면서 중간 정도까지 왔을 때 칼을 점점 내립니다.

TIP 1 ▷ 손에 힘을 주기보다 칼의 무게를 이용해 썰어보세요. 톱질하듯 빵 아랫면을 크게 밀면서 썰어냅니다.

TIP 2 ▷ 작은 조각으로 등분할 때 깨끗한 단면이 나올 수 있도록 칼날을 잘 닦으며 썰어주세요.

알아두기

속 재료가 풍성한 샌드위치를 잘 써는 방법이 무엇일까요?

오른손잡이일 경우 왼손으로 빵을 살짝 누르며 오른손으로 칼을 쥐고 칼등 위에 오른손 검지와 중지를 올려놓습니다. 속 재료가 듬뿍 담긴 부분이 잘 보이는 각도를 확인한 후 이쑤시개로 양쪽을 고정해두고 썰어보세요.

식빵 샌드위치 등분법

샌드위치의 매력은 썰고 난 단면에서도 찾아볼 수 있습니다. 다양한 재료들이 모여 형형색색을 이루는 단면을 보고 있자면 한입 크게 베어 물고 싶어지죠. 등분을 어떻게 하느냐에 따라 샌드위치의 모양과 개성이 달라집니다. 만들고자 하는 샌드위치의 특성을 미리 생각해 등분하면 더욱 완성도 있는 샌드위치를 맛볼 수 있겠죠.

2등분

같은 2등분이라도 가로 방향·사선 방향 두 가지로 등분할 수 있습니다. 가로로 등분하면 단면이 위로 가도록 눕혀서 보관할 수 있습니다. 사선 방향으로 썰면 삼각형 모양이 나와 삼각 샌드라 부르기도 합니다. 샌드위치 단면이 정면에 보이게끔 세워둘 수 있어 효과적으로 단면을 보여줄 수 있겠죠?

3등분

산형 식빵으로 샌드위치를 만들 때는 3등분을 추천합니다. 산형 식빵 특성상 윗면이 산처럼 둥글게 솟아 있어 4등분 시 같은 크기로 나오지 않습니다. 가로 길이를 조절해 가로로 3등분하면 비교적 일정한 크기로 등분할 수 있습니다.

4등분

먹기 편한 샌드위치를 만들고 싶다면 가장 이상적인 한입 크기인 4등분을 추천합니다. 4등분 역시 가로 방향·사선 방향 모두 가능합니다. 다만 닭다리살같이 속 재료의 크기와 모양이 다른 경우에는 사선 방향 썰기를 추천합니다. 속 재료가 어느 한쪽으로 쏠리지 않고 각 조각에 균등하게 배분되어 보다 균형 있는 맛을 즐길 수 있습니다.

6등분

주로 속 재료가 단순한 가벼운 샌드위치를 더욱 간편히 먹기 위해 6등분을 합니다. 여러 가지 샌드위치 종류를 다양하게 즐길 수 있도록 구성하기 좋습니다. 속 재료가 풍성한, 즉 두께감이 있는 샌드위치를 먹기 편하게 준비한다는 생각에 작게 등분하려 한다면 다 썰기도 전에 재료가 밖으로 밀려 나올 수 있으니 주의하세요.

식빵 조리법

식빵을 구워서 사용할지 그대로 사용할지 고민된다면 속 재료를 떠올려보세요. 닭고기나 베이컨처럼 열을 가해 조리한 재료를 넣는 샌드위치에는 풍미가 좋은 구운 식빵이 어울립니다. 반면 부드러운 속 재료를 넣어 만드는 샌드위치에 굽지 않은 식빵을 사용하면 부드러운 식감을 살릴 수 있습니다. 샌드위치의 특성을 고려해 식빵을 맛있게 조리해보세요.

그대로

딸기잼, 스크램블드에그 등 부드러운 재료로 간단하게 샌드한다면 굽지 않고 그대로 사용하는 것을 추천합니다. 식빵 가장자리를 제거하면 더욱 부드러운 맛을 즐길 수 있습니다.

EX ▶ 부티크 에그샌드위치 **84p**, 타르타르 햄치즈 채소 샌드위치 **90p**, 과일 샌드위치 **102p**

> **TIP**
> 토스터나 팬에 구운 식빵은 굽고 나서 바로 석쇠와 같이 사방이 바람이 통하는 곳에 잠시 놓아 식히는 것이 중요합니다. 그렇지 않으면 식빵 속 뜨거운 열기가 배출되며 바닥 면에 닿아 있는 빵 부분이 축축해집니다.

토스터 오븐

토스터

토스터는 일반적으로 많이 사용하는 팝업 토스터 Pop-up Toasters와 간단한 요리도 함께할 수 있는 토스터 오븐 Toaster Oven 두 종류가 있습니다. 빵 여러 개를 동시에 일정한 굽기로 구울 수 있는 가장 간편한 조리 도구입니다. 굽는 시간은 식빵 두께에 따라 조절하는데, 일반적으로 2cm 정도의 두께는 노릇한 색을 내기 위해 약 2~3분 굽습니다.

팝업 토스터

/ 샌드위치 빵의 기초 /

알아두기

토스터를 살 때 무엇을 고려해야 할까요?

1 ▶ 수동 다이얼
토스터는 굽기 시간을 조절할 수 있어야 합니다. 수동으로 시간을 늘리거나 멈출 수 있는지 체크해주세요. 처음 식빵을 구울 때 2분이 걸릴 경우, 세 번 연속으로 굽는다면 토스터가 이미 예열되어 1분 40초면 이상적인 색이 나올 수 있습니다.

2 ▶ 생산량
주변 환경이나 가족 수를 고려해 동시에 구울 수 있는 식빵의 개수를 고려해보세요.

3 ▶ 빵 부스러기 받침대의 탈착 여부
부스러기 받침대가 영구적으로 부착된 토스터는 이동식 받침대가 있는 토스터보다 청소하기 어려울 수 있습니다.

4 ▶ 전기 코드 배치
토스터를 놓을 위치를 생각하고 전기 코드가 옆면, 후면 중 어디에 있는지 살펴보세요. 주방에 놓았을 때 미관상 깔끔하면서도 효율적인 배치가 가능해집니다.

팬

20cm(약 10 inch) 정도 크기의 팬을 중불로 가열해 팬이 따뜻해지면 식빵을 올려놓습니다. 곧이어 식빵 주변의 팬 바닥에 소량의 물(약 2ts)을 두르고 뚜껑을 덮어 30초 정도 스팀을 주고 뚜껑을 다시 엽니다. 따뜻한 증기가 식빵 속으로 스며들어 더욱 부드럽게 즐길 수 있습니다. 좋아하는 색이 나도록 굽고 바로 뒤집어 반대쪽도 구워냅니다. 두꺼운 식빵도 속까지 따뜻하게 구울 수 있습니다.

석쇠

가스레인지에 석쇠를 올리고 약한 불에서 식빵을 굽습니다. 한 면당 20~30초 정도면 그물코 모양으로 구운 자국이 생기고 직화 풍미까지 더해진 식빵이 완성됩니다. 순식간에 색이 나므로 태우지 않도록 주의해야 합니다. 직화로 구운 식빵은 수분을 쉽게 흡수하지 않아 속 재료를 지탱하는 힘이 좋습니다. 무거운 속 재료로 샌드위치를 만들 때 추천합니다.

PART 1 식빵

식빵 보관법

식빵은 냉장고보다는 실온에 보관해야 맛있게 즐길 수 있습니다.
단, 실온 보관 시 제조일로부터 4일째면 곰팡이가 생기기 시작하고 5일째부터 본격적으로
곰팡이가 번식하기 때문에 유통기한을 잘 확인해야 합니다.

TIP 평상시 남은 식빵을 냉동 보관한다면 기능성 토스터를 추천합니다. 토스터에 일정한 물을 넣고 냉동 식빵을 바로 굽는 기능성 제품이 있습니다.

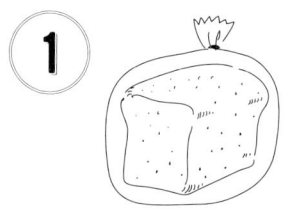

① 통으로 구입한 식빵 보관 방법

통식빵을 사는 경우는 드물지만 사실 식빵을 맛있게 즐길 수 있는 좋은 방법입니다. 두께 조절이 가능해 다양한 샌드위치를 만들 수 있기 때문입니다. 실온에 공기와 닿지 않도록 잘 싸놓고 샌드위치를 만들기 직전에 썰어서 사용하면 식빵 고유의 식감을 오래도록 유지할 수 있습니다.

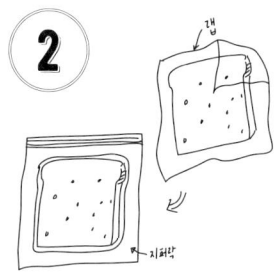

② 이틀 지난 식빵 보관 방법

식빵을 사서 금방 먹을 거라 생각했지만 마음과 달리 남을 때가 있죠. 식빵을 한 장씩 랩에 싼 후 지퍼백에 넣어 냉동실에 보관해보세요. 먹기 전날 밤, 냉장고로 옮겨 자연 해동한 뒤 구우면 식빵의 부드러움을 그대로 즐길 수 있습니다.
냉동실에서 꺼내 바로 먹고 싶다면 전자레인지에서 해동 후 2분 정도 짧게 굽습니다. 이렇게 구운 식빵은 노화가 순식간에 진행되어 금세 건조해지므로 구운 후 바로 먹는 것을 제안합니다.

③ 3일이 지나 건조해진 식빵 맛있게 먹는 방법

3일이 지나 건조해진 식빵은 두 가지 방법으로 맛있게 되돌릴 수 있습니다.
첫째는 뜨거운 증기를 이용하는 것인데요. 냄비에 찜기를 올리고 물이 끓기 시작하면 식빵을 넣고 뚜껑을 덮습니다. 식빵 두께에 따라 1분 30초~2분 정도 찌면 식빵이 다시 통통하게 올라오며 속은 후끈후끈하게 데워집니다. 그대로 사용하거나 토스터에 구워 사용하세요. 찜기가 없으면 팬을 달군 후 물을 뿌려 스팀을 만들어 사용해도 됩니다. **29p 팬 조리법 확인**
둘째, 토스터에 바로 구워야 할 경우 식빵 표면에 스프레이를 이용해 물을 뿌려 보세요. 굽기 전 식빵 양면에 스프레이로 물을 두 번 정도 뿌려 수분을 더합니다. 이 두 가지 방법으로 건조해진 빵을 부드럽게 즐겨보세요.

치아바타 CIABATTA

빵 속에 가벼운 기포가 있어 바게트보다 부드러우며 식빵보다 탄력 있고 쫄깃한 이탈리아 샌드위치 빵입니다. 빵의 중간이라고 생각하는 위치에서 약간 아래로 칼집을 넣어 오픈하면 속 재료를 넣고 덮었을 때 윗면과 아랫면의 두께 비율이 좋습니다. 담백한 플레인 치아바타와 올리브 토핑이 더해진 치아바타, 조금 더 구워 겉면이 바삭한 치아바타 등 다양한 종류를 이용해 샌드위치를 만들어보세요.

칼집을 넣어 벌린 모습
(좌) 치아바타 (우) 포카치아

바삭한 치아바타

올리브 치아바타

/ 샌드위치 빵의 기초 /

부드러운 치아바타

알아두기

치아바타가 없다면?
포카치아 ○ FOCACCIA

포카치아는 올리브유를 많이 넣고 만들어 부드러운 식감을 냅니다. 이에 허브류와 짭짤한 올리브를 넣어 풍미를 더하기도 하죠. 포카치아 특유의 평평한 모양은 크기를 자유롭게 조절할 수 있어 샌드위치 빵으로 사용하기 좋습니다. 치아바타 대신 사용해도 무방합니다. 열을 가해 파니니Panini 타입으로 샌드위치를 만들 때도 빵의 질감이 변하지 않는답니다.

바게트 BAGUETTE

입천장이 까질 것 같은 거친 바삭함을 가진 프랑스 정통 방식의 바게트. 씹을 수록 입안에 고소한 맛이 전해집니다. 바게트의 특성상 샌드위치를 만들 때 속 재료를 많이 넣으면 한입에 베어 물기가 힘듭니다. 이때 바게트에 일정한 간격으로 칼집을 넣으면 적당한 크기로 떼어내기 쉽습니다.

바게트에 칼집 넣기

/ 샌드위치 빵의 기초

어슷하게 3등분한 긴 바게트

가로 등분한 작은 바게트

긴 바게트는 보통 어슷하게 3~4등분으로 썰어서 사용합니다. 주로 수분이 적은 햄, 치즈 등의 재료로 샌드위치를 만들 때 사용하면 좋습니다. 긴 바게트 하나로 샌드위치 여러 개를 만들 수 있어 구매가 대비 가성비가 좋다는 것이 장점입니다.
양 끝이 막혀 있는 작은 바게트로 샌드위치를 만들면 보관하거나 손에 쥐고 먹을 때 편리합니다. 바게트를 세워서 먹어도 내용물이 잘 흘러내리지 않아 수분이 많은 속 재료인 참치, 토마토가 들어간 샌드위치를 만들기 좋습니다.

PART 1 　사워도우

사워도우 SOURDOUGH

겉은 크리스피하며 단단한 힘을 가지고 있는 사워도우는 유산균과
젖산 효모로 발효해 신맛의 풍미가 매력적인 빵입니다.
사워도우 한 덩이를 사면 한입 사이즈 샌드위치나 기다란 오픈
샌드위치 등 다양한 크기의 샌드위치를 만들 수 있죠. 빵의 가벼운
질감이 좋아 살짝 구워 재료를 간단히 올려 먹어도 좋습니다.

돔형 사워도우

/ 샌드위치 빵의 기초

직사각형 사워도우

알아두기

크기가 큰 사워도우는 어떻게 썰어야 할까요?

돔형 사워도우를 두꺼운 실선을 그린(전체 3분의 1 정도) 지점에서 썰고 작은 등분은 세로 방향, 큰 등분은 가로 방향으로 0.5cm 간격으로 썰면 샌드위치 길이로 좋습니다. 직사각형 사워도우도 마찬가지로 0.5cm 간격으로 일자로 썰거나 길게 썰고 싶다면 사선으로 방향을 잡고 썰면 길이가 길어져요.

베이글 BAGEL

반죽을 물에 데친 후 오븐에 구워 만든 베이글은 식감이 쫄깃하며 조직이 치밀해 샌드위치를 만들기 좋습니다. 시간이 지나도 베이글의 촘촘한 조직 덕에 빵이 속 재료의 수분을 잘 흡수하지 않아 샌드위치 맛을 유지하는 데에 좋습니다. 든든한 한 끼의 포만감은 물론이고 쥐고 먹을 때 손맛까지 느껴져 샌드위치 빵의 한 종류로 주목받고 있습니다. 깨와 초콜릿, 크랜베리, 건포도, 치즈 등 다양한 재료를 넣어 만든 베이글로 샌드위치에 개성을 더해보세요.

/ 샌드위치 빵의 기초

알아두기

베이글은 어떻게 썰어야 할까요?

베이글을 반으로 자를 때 세로로 세워 균형을 잡고 빵칼을 이용해 썰어주세요. 베이글을 손에 쥐고 칼을 넣어 반으로 썰거나, 바닥에 내려놓고 손으로 누르며 칼을 밀듯이 넣어 썰면 손바닥을 크게 다칠 수 있으니 주의하세요.

크루아상 CROISSANT

겉은 바삭하고 부드러운 속결을 지닌 크루아상은 버터의 고소하고
향긋한 풍미로 가득한 빵입니다. 샌드위치로 만들면 가볍고 얇은 속결에 재료의
맛이 잘 스며들어 조화가 좋습니다. 쉽게 베어 물기 좋은 크기와 완성된 멋진
모양은 크루아상 샌드위치의 매력 포인트죠. 크루아상 특성상 수분에 약하기
때문에 만들고 나서 빠른 시간 안에 먹는 것이 좋습니다. 재료의 수분으로 인해
크루아상의 속결이 쉽게 젖어 흐늘적해지기 때문입니다.

알아두기

냉동 생지로 크루아상을 직접 구워 샌드위치를 만들 수 있나요?

1970년대 후반, 냉동 생지가 공장에서 개발된 후 프랑스 빵집에서 판매하는 크루아상의 30~40%는 냉동 생지로 들어와 점포에서 굽게 되었습니다. 집에서도 냉동 생지와 오븐 토스터만 있으면 간단히 구울 수 있답니다. 갓 구운 크루아상으로 바삭함이 살아 있는 샌드위치를 만들어보세요.

냉동 생지 크루아상 굽기 세 단계

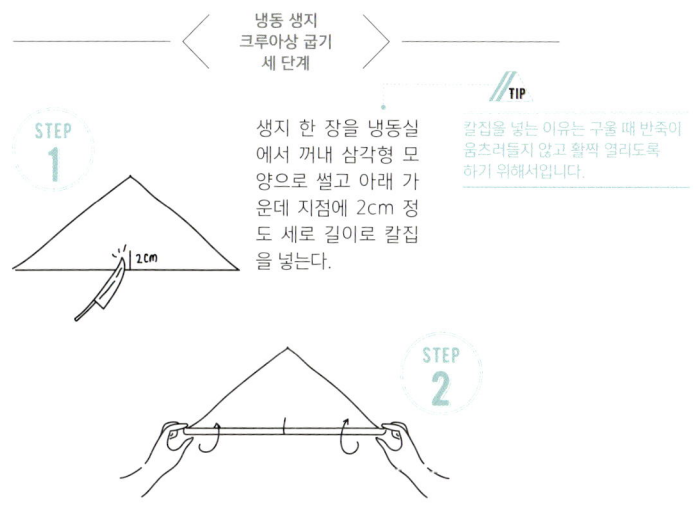

STEP 1
생지 한 장을 냉동실에서 꺼내 삼각형 모양으로 썰고 아래 가운데 지점에 2cm 정도 세로 길이로 칼집을 넣는다.

TIP 칼집을 넣는 이유는 구울 때 반죽이 움츠러들지 않고 활짝 열리도록 하기 위해서입니다.

STEP 2
아랫면 양 끝을 잡고 위로 가볍게 돌돌 말아 올린다.

STEP 3

구울 때 겉면에 광택이 나도록 생지에 달걀물을 얇게 바른다. 200℃로 오븐을 예열한 뒤 180℃로 내려 크루아상을 넣고 12~15분 정도 갈색빛이 돌도록 굽는다.

*달걀물 비율 달걀 1개 : 물 1Ts (반죽 9개 기준)

단백질 PROTEIN

유제품 DAIRY PRODUCTS

채소 VEGETABLES

과일 FRUITS

양념 SEASONINGS

소스 SAUCE

Part 2

샌드위치 속 재료의 기초

Basic of Sandwich Filling

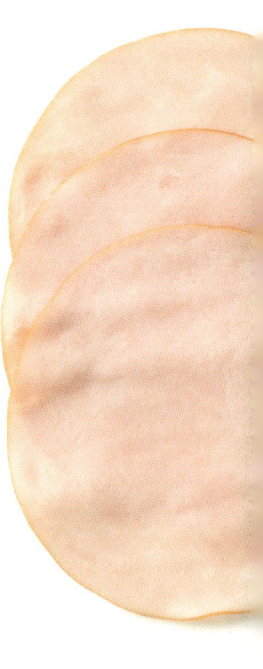

PART 2 　단백질 PROTEIN

참치 조리법

샌드위치에 자주 쓰는 재료인 참치 통조림을 이용해 만든 세 가지 참치 필링을 추천합니다. 달콤한 맛은 오이 피클로, 아삭한 식감은 채소로, 매콤한 맛은 피망과 고춧가루를 더해 만들어보았습니다. 세 가지 레시피 모두 동일하게 참치를 체에 받쳐 10분 정도 기름이 빠지도록 두었다 사용하세요. 재료는 참치의 씹히는 식감을 위해 젓가락으로 부드럽게 섞어주세요. 으깨듯 섞지 않는 것이 핵심입니다.

달콤한 참치

INGREDIENTS ▶ 오이피클 30g, 적양파 30g, 참치 100g
양념 ▶ 마요네즈 60g, 디종 머스터드 10g, 소금 2g

① 오이피클과 적양파는 잘게 썬다.

② 볼에 1과 계량한 재료를 모두 넣고 젓가락을 이용해 가볍게 섞는다.

아삭아삭 채소 가득 참치

INGREDIENTS ▶ 달걀 1개, 양파 50g, 오이 30g, 소금 2g, 참치 140g
양념 ▶ 마요네즈 40g, 시판 레몬주스 2g, 소금 2g, 다진 이탈리아 파슬리·검은 후추 적당량

① 물이 끓기 시작하면 달걀을 넣고 10분 정도 삶아 찬물에 식힌 후 껍질을 벗겨 흰자는 작게 썰고 노른자는 그대로 둔다.

② 양파와 오이는 작게 썰고 각각 1g씩 소금을 뿌려 5분 정도 절였다 수분을 짠다.

③ 볼에 1, 2와 계량한 재료를 모두 넣고 가볍게 섞는다.

매콤한 참치

INGREDIENTS ▶ 홍피망 20g, 이탈리아 파슬리 1줄기, 참치 100g, 말린 토마토 60g, 양파 30g
양념 ▶ 케첩 50g, 발사믹 식초 10g, 다진 마늘 6g, 올리브유 35g, 카이엔 페퍼 또는 고운 고춧가루 1g, 소금 2g, 검은 후추 적당량

① 홍피망은 작게 이탈리아 파슬리는 곱게 다진다.

② 블렌더에 피망, 이탈리아 파슬리, 참치를 제외한 나머지 재료를 모두 넣고 곱게 간다.

③ 볼에 1, 2와 참치를 넣고 함께 섞는다.

TIP ▷ 말린 토마토는 농축된 토마토의 감칠맛을 내며 붉은 색감을 더 진하게 만드는 역할을 합니다.

> 샌드위치 속 재료의 기초

닭가슴살 조리법

샌드위치를 만들 때 닭가슴살은 통으로 쓰기보다는 보통 결대로 찢어서 사용합니다. 통닭가슴살은 한입에 먹기 어렵기에 작은 크기로 만드는 것이죠. 닭다리살은 조리 후에도 부드러워 그대로 사용하거나 크랜베리, 레몬제스트, 커리 가루 등을 더해 다양한 조리법으로 맛있게 즐길 수 있습니다.

삶은 닭가슴살

INGREDIENTS ▶ 물 1L, 굵은 소금 5g, 닭가슴살 1개

① 냄비에 물 1L와 굵은 소금을 넣고 끓기 시작하면 닭가슴살을 넣고 불을 끈 후 뚜껑을 덮어 15분간 둔다. 팔팔 끓이지 않고 잔열로 익히면 더욱 부드러운 식감을 낸다.

② 닭가슴살을 꺼내고 한 김 식으면 결대로 찢어 사용한다.

팬프라이 닭다리살

INGREDIENTS ▶ 닭다리살 1개, 밀가루 1Ts, 올리브유 3Ts, 소금·검은 후추 적당량

① 닭다리살에 소금과 검은 후추를 뿌리고 밀가루를 앞뒤로 고루 입힌다.

② 달군 팬에 올리브유를 두르고 껍질 부분이 팬 바닥으로 가게 놓은 다음 센 불에서 팬을 기울인 후 나무 수저를 이용해 올리브유를 닭 표면에 끼얹으며 익힌다.

TIP ▷ 닭껍질이 갈색빛이 돌면 뒤집고 약 2~3분 후 불을 끄고 잔열로 천천히 익힌다.

오븐에 구운 닭가슴살

INGREDIENTS ▶ 닭가슴살 1개, 올리브유 2Ts, 로즈메리 1줄기, 타임 1줄기, 소금·검은 후추 적당량

① 닭가슴살을 오븐용 팬에 놓고 올리브유와 로즈메리, 타임을 묻히듯 바른 후 소금·검은 후추를 앞뒤로 골고루 뿌린다.

② 180℃ 오븐에 10분 정도 굽고 뒤집어 10분 더 굽는다. 꼬치나 젓가락으로 닭가슴살을 찔러 핏물이 나오지 않고 육즙이 나오면 완성. 꺼내어 한 김 식으면 결대로 찢어 사용한다.

PART 2 | 단백질 PROTEIN

베이컨 BACON

국내 베이컨

수입 베이컨

캔디드 베이컨

샌드위치에 베이컨을 넣으면 한층 더 풍성한 맛을 즐길 수 있습니다.
국내 제조 베이컨과 수입 베이컨은 맛의 차이가 크기 때문에 취향에
맞게 선택하면 되는데, 보통은 수입 베이컨이 국내산보다 더 두껍고
훈연 향이 강합니다. 버터처럼 가염Salted과 무염Unsalted을 따로
판매하는데, 가염 수입 베이컨은 짠맛이 강해 보통 무염을 사서
소금이나 간장을 이용해 짠맛을 조절하기도 합니다.
베이컨을 더 맛있게 즐기는 방법으로 '캔디드 베이컨'을 추천합니다.
훈연 향이 좋은 수입 베이컨에 메이플 시럽과 간장 양념을 발라
달콤함과 짭짤한 맛을 더해 구워보세요. 베이컨의 볼륨이 두툼해지며
샌드위치의 풍성한 느낌을 살려줍니다.

캔디드 베이컨

INGREDIENTS ▶ 수입 베이컨 4장(국내 베이컨일 경우 6~7장)
캔디드 소스 ▶ 메이플 시럽 40g, 꿀 20g, 진간장 6g

① 베이컨은 오븐 전용 팬에 놓고 브러시를 이용해 분량의 재료를 섞은
캔디드 소스를 바른다. 10분 정도 실온에 두었다 뒤집어 소스를 바른다.

② 기름이 빠질 수 있도록 오븐 팬에 철망을 올려 베이컨을 얹고 125℃
오븐에 10분간 굽는다.

③ 베이컨을 뒤집고 남은 소스를 다시 발라 10분 정도 더 구운 후 꺼내
실온에서 식힌다. 사용하고 남은 캔디드 베이컨은 용기에 담아 냉장
보관한다.

TIP ▷ 캔디드 베이컨은 냉장고에 3일 정도 보관 가능하다.
사용하기 직전 베이컨의 굳은 기름이 살짝 녹을 수 있도록
전자레인지에 15초 정도 데운다.

햄 HAM

풍미가 좋은 햄이 있다면 특별한 조리 과정 없이도 근사한 샌드위치를 만들 수 있습니다. 주로 돼지고기로 만든 훈제 햄으로 샌드위치를 만드는데, 흰색 빛이 도는 저지방 터키 햄부터 닭가슴살로 만든 햄, 건조 숙성한 생햄 등이 있습니다. 인터넷 쇼핑몰에서 쉽게 구할 수 있습니다. 이 책에서 추천한 샌드위치에 잘 어울리는 햄과 두께, 그 외 부가 재료와 소스로 샌드위치를 만들어보며 자신에게 맞는 햄을 찾아보시기 바랍니다.

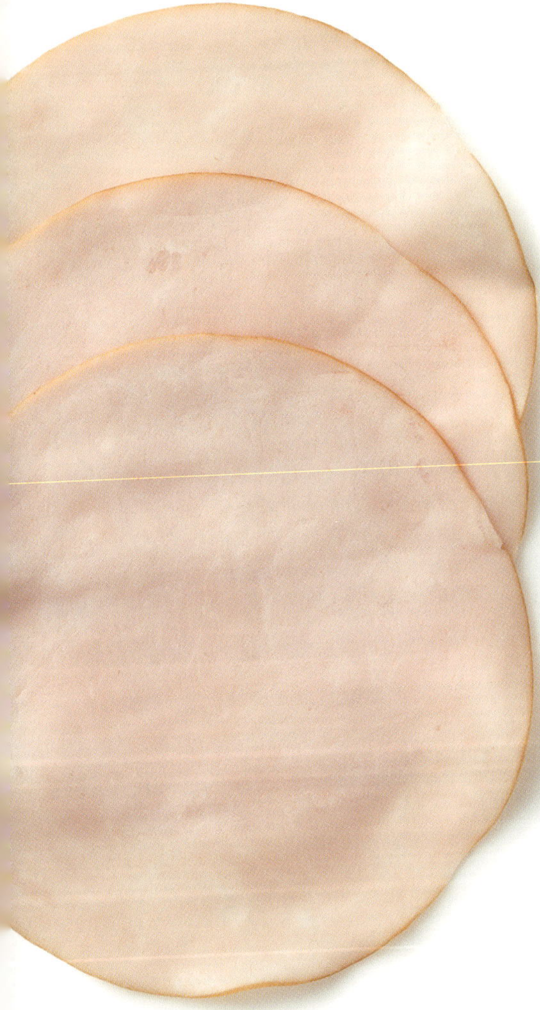

린햄 ○ LEAN HAM

돼지 뒷다리살로 만든 햄으로 지방이 적지만 식감이 부드럽습니다. 일반적으로 린햄은 0.2cm 정도의 두께로 썰며 다른 샌드위치 속 재료와 어우러지며 자기만의 맛을 뚜렷하게 냅니다. 국내에서 살 수 있는 샌드위치용 햄으로 가장 이상적입니다.

프로슈토 ○ PROSCIUTTO

자연 건조해 만드는 이탈리아 햄으로 담백하고 감칠맛이 좋아 양념하지 않은 자연적인 재료와 잘 어울립니다. 프레시 치즈나 단맛이 나는 무화과, 잼과 곁들여 간단히 먹어도 좋습니다.

샌드위치 속 재료의 기초

살라미 ○ SALAMI

이탈리아 건조 소시지인 살라미는 강한 풍미가 매력적으로 샌드위치에 다양한 재료와 함께 섞어도 햄의 맛이 사그라들지 않습니다. 맛이 뚜렷한 재료나 소스와 함께 사용해도 잘 어울립니다.

조리 햄 ○ COOKED HAM

훈연 또는 습식을 통해 조리한 돼지고기 햄은 전통적으로 린햄과 같은 돼지 뒷다리 부위로 만듭니다. 그러나 요즘에는 고기와 지방 함량이 다른 다양한 조리 햄이 나오고 있습니다. 지방이 거의 없는 안심이나 지방의 비율이 좋은 등심의 선호도가 높듯, 조리 햄도 마찬가지로 취향에 맞게 선택하면 됩니다.

알아두기

샌드위치를 만들 때 햄으로 풍성한 볼륨을 주고 싶다면요?

샌드위치에 햄을 올릴 때 반으로 접어 햄 사이에 작은 공간을 만들면 한꺼번에 여러 겹을 올리는 것보다 볼륨감을 줄 수 있습니다. 반으로 썰었을 때 단면이 더욱 풍성해 보이며, 먹을 때도 햄 맛이 고르게 전달됩니다.

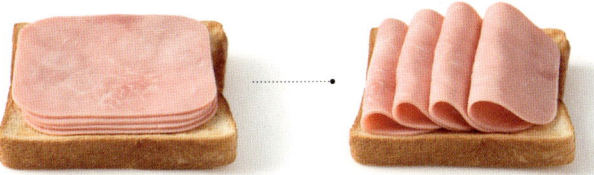

PART 2 유제품 **DAIRY PRODUCTS**

버터 **BUTTER**

버터는 녹아서 빵 속에 스며들거나 제 형태를 온전히 유지한 채 샌드위치에 고소한 감칠맛을 더합니다. 나라마다 고기 맛이 다르듯 젖소를 키우는 방식도 달라 우유 향과 진한 맛에도 차이가 있습니다. 제조사의 제조 공정에서 달라지는 유지방도 버터의 향과 맛에 영향을 줍니다. 저는 프랑스 노르망디 지방의 풀을 먹고 자란 방목소의 원유로 만든 이즈니 버터를 주로 사용합니다. 천연 버터이면서 색이 더 노랗고 산뜻한 뒷맛이 느껴집니다. 100% 우유로 만들어 더욱 진한 맛이 납니다.

> 샌드위치 속 재료의 기초

용도별 버터 사용법

슬라이스

슬라이스 치즈처럼 버터를 슬라이스해서 사용하는 샌드위치가 있습니다. 대표적인 예로 일본에서 넘어온 앙버터(버터 슬라이스 + 팥앙금) 샌드위치가 있죠. 슬라이스 버터는 깨끗한 표면이 중요하기 때문에 잘 드는 칼, 마른 행주, 차가운 버터를 준비해야 합니다. 버터 두께 0.2cm 안팎으로 칼을 일정한 힘으로 길게 밀어 한번에 썰어보세요. 썰 때마다 칼에 묻은 버터를 닦아주세요.

트레이에 랩을 반듯하게 씌우고 재단한 버터는 겹치지 않게 한 개씩 눕혀 보관합니다.

스프레드

버터를 스프레드로 사용할 경우 미리 상온에서 보관해 부드러운 상태로 만들어야 합니다. 버터가 차가우면 빵에 바를 때 압력이 가해져 빵 표면이 눌리거나 찢어질 수 있고 고르게 바르기 힘듭니다. 버터는 30℃ 전후에서 녹기 시작하므로 용기에 담아 실온에 두어 사용하거나 전자레인지에 15~20초 정도 돌려 부드러운 상태로 만들어 사용합니다.

*일반 식빵 기준으로 빵 한쪽에 1Ts(약 15g)씩 바르면 됩니다.

알아두기

샌드위치를 만들 때 가염 버터와 무염 버터 중 어느 것을 사용해야 할까요?

샌드위치에는 가염 버터를 추천합니다. 입안에서 자연스레 녹듯 퍼지는 버터의 짭짤한 맛은 고소함을 배로 증가시켜 버터 맛을 더 진하고 깊게 전달하는 역할을 합니다.

PART 2 유제품 DAIRY PRODUCTS

치즈 CHEESE

샌드위치의 조미료 역할을 하는 치즈는 적은 양으로도
풍미를 더하기 좋아 자주 쓰이는 식재료입니다.
다양한 치즈 맛을 이해하고 즐기고 싶다면 샌드위치로 시작해보길
권할 만큼, 샌드위치에 치즈를 조합해 즐기는 방법은 무궁무진합니다.
우유의 고소함이 농축된 프레시 치즈부터 강한 향을 풍기는 숙성
치즈까지 샌드위치에 어울리는 치즈를 소개합니다.

프레시 치즈 FRESH CHEESE

프레시 치즈는 치즈 특유의 독특한 향이 강하지 않아 다양한 속 재료와 쉽게 조합할 수 있습니다. 열량이 낮고 크림처럼 질감이 가벼워 마요네즈나 버터를 대신해 사용하기도 합니다.

프로마주 블랑 ○ FROMAGE BLANC
노르망디 지역 우유로 만든 저지방 치즈로 유지방 함량이 적고 산미가 느껴집니다. 빵 위에 듬뿍 발라 딸기, 블루베리, 체리 등의 과일을 곁들이고 치즈의 산미를 보완하는 달콤한 꿀을 소스처럼 뿌려 보세요. 또는 올리브, 발사믹 리덕션 소스와 같이 짜고 달콤한 맛으로 조합해 오픈 샌드위치로 즐기는 것도 추천합니다.

리코타치즈 ○ RICOTTA CHEESE
리코타치즈는 우유를 끓이다 산(레몬주스)을 넣어 지방과 수분을 분리해 만든 치즈입니다. 단백질이 몽글몽글하게 뭉쳐 치즈 속 알갱이가 부드럽게 느껴집니다. 세 살 아기도 좋아하는 담백한 맛이 특징입니다.

마스카르포네치즈 ○ MASCARPONE CHEESE
우유에 크림을 더해 만들어 단맛이 나며 옅은 노란색을 띠는 치즈입니다. 치즈 질감이 단단해 샌드위치 속 재료와 함께 섞어 만들어도 부피가 줄어들지 않고 완성된 모양이 그대로 유지됩니다.

크림치즈 ○ CREAM CHEESE
크림치즈는 지방 성분이 높아 다른 재료와 함께 입안에서 천천히 녹습니다. 두꺼운 식감을 자랑하는 베이글 샌드위치 스프레드로 자주 쓰이죠. 크림치즈에 달콤한 크랜베리나 올리브 같은 짭짤한 세이보리Savory 재료를 넣어 다양한 맛을 즐겨보세요.

샌드위치 속 재료의 기초

프로마주 블랑

리코타치즈

마스카르포네치즈

크림치즈

•—— 비가열・가열 압착 치즈 ——•

자연 체더치즈

주황색 자연 체더치즈

파르미지아노레지아노

•—— 파스타 필라타 치즈 ——•

구형 모차렐라

막대형 모차렐라

비가열 ○ 가열 압착 치즈
SEMI-FIRM AND FIRM CHEESES

치즈를 만드는 과정에서 수분을 제거할 때 가열하지 않고 만들면 비가열 압착 치즈, 40℃ 이상으로 가열해 만들면 가열 압착 치즈라 합니다. 최소 1개월에서 2년 이상의 숙성 기간을 거쳐 고다(하우다), 에담, 에멘탈, 체더치즈와 같은 담백한 치즈를 만들거나 장기간 숙성해 아미노산의 감칠맛이 풍부한 파르미지아노레지아노를 만듭니다.

체더치즈 ○ CHEDDAR CHEESE
씹을수록 치즈의 고소함과 감칠맛이 풍부한 체더치즈는 시중에서 가공 슬라이스 치즈로 쉽게 만날 수 있습니다. 아메리칸 치즈라 불리는 가공 체더치즈는 표면에 광택이 나고 탄력이 떨어지며 열에 쉽게 녹습니다. 그에 반해 가공하지 않은 자연 체더치즈는 쉽게 바스러지지만 가공 체더치즈에 비해 풍미가 좋습니다.
체더치즈는 흰색과 주황색 두 가지가 있습니다. 주황색은 흰색 체더치즈에 천연 색소를 넣어 만드는데 맛에는 차이가 없습니다. 주황색 체더치즈는 샌드위치에 따스한 색감을 더하기 좋습니다.

파르미지아노레지아노 ○ PARMIGIANO-REGGIANO
큰 바퀴 모양으로 30kg을 넘는 무게를 자랑하는 파르미지아노레지아노는 가격이 높지만 작은 조각으로도 살 수 있습니다. 발효 기간이 길어짐에 따라 감칠맛의 주성분인 아미노산 함량이 늘어나며 서걱서걱한 결정이 생기기 때문에 반듯이 썰기 어렵습니다. 주로 치즈 전용 도구인 슬라이서Slicer를 이용해 얇게 밀거나 그레이터Greater로 곱게 갈아 사용합니다. 샌드위치를 만들 때 빵에 속 재료를 얹은 후 위에 소금을 뿌리듯 치즈를 갈아 올려 특유의 짭짤한 맛과 꼬릿함을 더해보세요.

파스타 필라타 치즈
PASTA FILATA STRETCHED CURD CHEESES

파스타 필라타는 이탈리아어로 '잡아 늘여 반죽한다'는 뜻입니다. 산이나 응유 효소에 의해 우유가 응고한 것을 커드라 하는데, 이 커드를 뜨거운 물에서 탄력이 생길 때까지 반죽한 치즈를 통칭합니다. 모차렐라가 대표적인 파스타 필라타 공법으로 만든 치즈이며, 그 외에도 프로볼로네, 스카모르차 등이 있습니다. 치즈가 주욱 늘어나는 샌드위치를 만들고 싶다면 파스타 필라타 치즈가 제격입니다.

모차렐라 ○ MOZZARELLA
작은 야구공 크기의 불규칙한 모양을 띠는 모차렐라는 젖소, 양, 염소의 원유로 만듭니다. 우리나라에는 대부분 젖소 원유로 만든 모차렐라가 들어옵니다. 물과 함께 포장된 원형과 기다란 막대형 두 가지를 찾아볼 수 있는데요. 진공 포장된 직사각형 모양의 모차렐라는 기계로 만든 치즈로 그대로 먹으면 약간 건조하고 고무 같은 질감이 있지만 불에 닿으면 부드러워집니다. 프레시 모차렐라는 100% 원유를 이용해 수제로 만들기 때문에 훨씬 부드럽고 우유 향이 좋습니다.

샌드위치를 실제로 판매한다고 가정했을 때 치즈의 가격을 고려한다면 슬라이스 두께는 0.5cm 정도가 적당합니다. 모차렐라는 담백하지만 간이 안 되어 심심한 맛이 납니다. 샌드위치에 넣을 때 치즈 위에 소금간을 꼭 해주세요. 생으로 즐기거나 오븐에 살짝 데워 쭉 늘어나는 질감을 즐겨도 좋습니다.

흰 곰팡이 연질 치즈
SOFT CHEESE WITH BLOOMY RIND

브리 ○ BRIE & 카망베르 ○ CAMEMBERT

흰 곰팡이가 껍질을 덮고 있는 브리와 카망베르는 치즈 특유의 발효 향이 강하지 않아 편하게 먹을 수 있어 치즈 초보자에게 추천하는 숙성 치즈입니다. 이 두 원통 모양의 치즈는 젖소 원유로 만들며 숙성이 진행되면 천천히 속살이 부드럽게 풀어지기 시작합니다. 사실 샌드위치에 숙성이 잘된 원통형 치즈는 사용하기 어렵습니다. 얇게 썰면 속살이 흘러내려 모양이 망가지기 때문입니다. 그러나 요즘에는 브리와 카망베르도 슬라이스 형태로 나오면서 샌드위치에 사용하기 편해졌습니다. 잘 숙성된 원통 모양의 브리와 카망베르는 빵과 빵 사이에 넣는 대신 큼지막하게 3등분해서 오픈 샌드위치와 같이 돔형 사워도우 위에 얹어 먹는 것을 추천합니다.

껍질을 닦은 워시 타입 연질 치즈
SOFT CHEESE WITH A WASHED RIND

마루아유 ○ MAROILLES & 에푸아스 ○ ÉPOISSES

샌드위치에서 치즈를 강조하고 싶다면 마루아유와 에푸아스를 넣어보세요. 치즈 표면을 소금물 등으로 씻으며 숙성시킨 치즈로, 껍질은 붉은색을 띠며 냄새가 아주 강합니다. 꼬릿한 향이 강렬해 맛 역시 강할 것 같지만 속살은 밀도 있는 크림처럼 부드러우며 맛도 담백합니다. 이 치즈와 함께 넣을 재료는 되도록 단순하게 구성하는 것이 좋습니다. 루콜라와 같은 채소와 토마토를 간단히 곁들이면 치즈의 맛을 방해하지 않으면서도 조화를 이루지요.

•········ 흰 곰팡이 연질 치즈 ········•

브리

카망베르

•········ 껍질을 닦은 워시 타입 연질 치즈 ········•

에푸아스

마루아유

채소 VEGETABLE

채소는 샌드위치에 푸른색을 더하고 재료의 맛을 향상시키는 중요한 재료입니다.
채소마다 가지고 있는 맛과 생김새가 다르기 때문에 각각의 쓰임을 이해하고
선택해야 합니다. 여러 가지 채소를 혼합해 맛과 식감, 색감을 조절해도 좋습니다.

알아두기

샌드위치에 채소를 섞어 넣을 때 어떤 비율이 좋을까요?

주가 되는 채소 3 : 맛을 더하는 곁들임 채소 2 : 식감 또는 색감을 추가하는 채소 1의 비율을 추천합니다. 샌드위치를 베어 물었을 때 채소의 씁쓸한 맛과 아삭함이 조화로우며, 단면의 색감이 좋습니다.

주가 되는 채소	맛을 더하는 곁들임 채소	식감 또는 색감을 추가하는 채소
로메인, 양상추, 미니코스, 교나	루콜라, 치커리, 프리제	라디치오, 적겨자, 비타민

특수 잎채소

샌드위치를 한입 베어 물었을 때 평이하게 느껴지는 채소 맛이
아닌 독특한 맛을 느끼고 싶다면 특수 채소를 사용합니다.
프리제와 루콜라, 치커리, 비타민, 교나, 오크잎 등 계절 생산량에
따른 가격 차이를 보고 사용하기 좋은 채소를 사용하면 됩니다.

프리제 ○ FRISEE
프리제는 치커리 속에 속하며 쓴맛이 아
주 약하게 도는 프랑스 잎채소입니다.
연한 노란색의 잎이 곱슬곱슬 넓게 얽힌
모양은 특별하면서도 과하게 엉기지 않
아 샌드위치에 재미있는 식감을 줍니다.
다른 잎들과 혼합해 샌드위치를 만들 때
밖으로 튀어나오는 잎 모양을 아름답게
만들어줍니다. 뿌리 부분을 썰어서 낱낱
이 떼어 사용합니다.

/ 샌드위치 속 재료의 기초 /

루꼴라 ○ RUGOLA
특유의 향이 진하고 쌉쌀한 맛이 나는 채소입니다. 담백한 재료에 포인트를 주고 싶을 때 사용해보세요. 우리나라는 물론이고 이탈리아, 프랑스, 미국에서 요리에 자주 사용합니다.

치커리 ○ CHICORY
연한 녹색을 띠고 생동감 있는 잎 모양이 샌드위치에 활력을 더합니다. 다만 다른 잎에 비해 질겨 단독으로 쓰기보다는 부드러운 채소와 혼합해서 사용하세요.

비타민 ○ VITAMIN
채소 중 가장 진한 녹색을 띱니다. 샌드위치에 진한 녹색 채소를 더해 싱그러운 느낌을 주고 싶을 때 사용합니다. 비타민이 없다면 샐러드용 베이비 시금치를 사용해도 좋습니다.

교나(경수채) ○ MIZNA
아삭아삭한 식감과 잎의 모양이 멋있어 샌드위치에 사용하면 더욱 맛있어 보입니다. 해외에서는 미즈나라 불리며 널리 사용되고, 우리나라에서는 경수채 또는 아삭채라고 부릅니다.

PART 2 채소 VEGETABLES

알아두기

잎채소는 어떻게 보관하면 좋을까요?

채소는 여러 차례 깨끗이 씻고 적당한 크기로 뜯거나 썰어 찬물에 10분 정도 담갔다 건집니다. 채소 탈수기로 수분을 제거하고 물기가 없는 통에 보관합니다. 채소가 마르지 않도록 물에 적신 타월을 덮어주세요. 샌드위치를 만들 때마다 꺼내서 사용하면 채소의 신선함을 오래도록 즐길 수 있습니다.

단일 잎채소

샌드위치에 큰 잎을 여러 장 넣을 때는 양상추, 로메인, 라디치오, 겨자잎, 미니코스 등의 채소를 사용합니다. 잎과 줄기에 힘이 있어 다른 재료들 사이에서 버티는 힘이 좋기에 부피가 큰 샌드위치를 만들 때 많이 사용합니다.

양상추 ○ ICEBERG LETTUCE
샌드위치에 가장 많이 쓰는 채소는 양상추입니다. 여러 장 겹쳐 넣었을 때 아삭한 식감은 좋지만 양상추의 흐릿한 연녹색이 샌드위치의 채도를 전체적으로 연하게 만들어 색감 부분에서는 다소 아쉽습니다. 그러나 크루아상 등 진한 갈색을 띠는 빵에 넣으면 색의 대비가 되어 보완할 수 있습니다. 크루아상처럼 가벼운 속결을 가진 빵에 양상추를 넣어 샌드위치를 만든다면 아삭함이 배로 느껴질 거예요.

로메인 ○ ROMAINE
아삭한 식감과 감칠맛이 특징인 로메인은 상추와 언뜻 비슷해 보입니다. 상추와 달리 로메인 줄기와 잎에 힘이 있어 조리 후 열기가 남아 있는 재료와 함께 샌드위치를 만들어도 색이 갈변되거나 흐느적거리지 않아 사용하기 좋습니다.

/ 샌드위치 속 재료의 기초

라디치오 ○ RADICCHIO
흰 잎줄기를 따라 붉은 자줏빛을 띠는 둥글고 큰 잎 모양이 특징인 라디치오는 쓴맛을 내는 채소입니다. 녹색 채소 사이에서 포인트로 사용하면 화사한 느낌을 줄 수 있습니다. 라디치오잎은 불에 직접 닿는 그릴 조리도 가능하니 호박이나 가지, 치즈 등과 같이 익혀 따뜻한 샌드위치를 만들어보세요.

겨자잎 ○ MUSTARD GREEN
겨자 열매가 열리기 전에 나오는 잎으로 오글오글한 주름을 가지고 있으며 톡 쏘는 매운맛을 보입니다. 겨자잎의 강한 맛과 튼튼한 조직은 돈가스나 조리한 등심 등 무거운 맛을 내는 재료를 뒷받침하며 조화롭게 어울립니다. 보랏빛이 도는 적겨자잎도 있습니다.

미니코스 ○ MINICOS
로메인 가족 중 키가 작은 채소인 미니코스는 너풀너풀 자연스레 퍼진 잎과 힘 있는 줄기를 가지고 있습니다. 샌드위치에 볼륨감과 아삭한 식감을 동시에 줄 수 있죠. 약간 달콤한 맛을 느낄 수 있습니다.

PART 2 | 채소 VEGETABLES

샌드위치 속 재료의 기초

PART 2 | 채소 VEGETABLES

오이 ○ CUCUMBER

샌드위치에 오이를 넣을 때는 어슷하게 슬라이스하거나 작은 주사위 모양으로 썰어 넣습니다. 원형 썰기는 씹는 면적을 고려해 오이를 0.2cm 두께로 썬 후 소금물에 절여 꼭 짜서 사용합니다. 오이 속 물기가 쏙 빠져 오독오독한 식감을 즐길 수 있어요.

어슷썰기

양파 ○ ONION

양파를 속 재료를 섞어서 만드는 샐러드에 넣을 때는 작은 주사위 모양으로 써는 것을 추천합니다. 이때 쓰는 양파는 소금물에 절여 물기를 꼭 짜고 사용하는 것이 좋습니다. 생양파를 그대로 넣으면 시간이 지나 수분이 나오면서 반죽의 농도가 점점 묽어지기 때문입니다. 적양파는 수분이 적어 절이지 않고 그대로 사용해도 됩니다.

주사위 모양 썰기

토마토 ○ TOMATO

외국 시장에서 토마토 가격을 물어보면 어떤 토마토인지 되물을 정도로 다양한 종류가 있습니다. 샌드위치용이나 수분이 많은 소스용 등 쓰임새에 따라 선택하죠.
씨 부분이 클수록 토마토에 함유된 수분이 많아 빵이 젖는 원인이 되므로 0.7cm 두께로 원형으로 썰고 키친타월이나 그물망 체 위에 잠시 올려 수분을 빠지게 합니다. 만들기 직전에 소금과 검은 후추로 밑간을 해서 사용하세요. 샌드위치용으로는 단단한 토마토를 고르는 것이 좋습니다.

당근채 ○ CARROT SLICE

당근은 어떤 굵기로 써는지에 따라 식감이 달라집니다. 샌드위치용으로는 어떻게 써는 게 좋을까요?
길고 단단한 당근을 일반 칼로 일정하게 얇게 썰기는 쉽지 않으므로 만돌린 채칼을 추천합니다. 당근을 기계에 꽂고 손잡이를 돌리면 긴 실타래가 뽑히듯 일정한 두께의 당근채가 만들어집니다. 이를 10cm 길이로 썰어 소스에 버무리면 얇은 당근채가 소스를 머금어 샌드위치에 넣었을 때 촉촉하게 즐길 수 있습니다.

과일 FRUITS

과일 샌드위치는 원하는 과일을 내 마음대로 구성해 먹는 재미가 있습니다. 여기서 가장 중요한 재료는 과일과 식빵을 이어주는 크림입니다. 단단한 질감의 마스카르포네 치즈와 생크림을 1대 5 비율로 섞어 만들면 샌드위치 모양이 단단히 지탱되면서도 쉬이 녹아내리지 않습니다. 과일은 딸기, 바나나, 키위, 오렌지, 블루베리 이외에 망고와 멜론을 넣기도 합니다. 책에서는 색감 조화와 신맛, 단맛의 특성을 고려해 딸기, 골든 키위, 바나나, 청포도를 사용했습니다.

/ 샌드위치 속 재료의 기초

딸기 ○ STRAWBERRY
꼭지를 제거해 씻고 여분의 물기가 남지 않도록 키친타월에 올려놓으세요. 혼합해 사용하는 딸기는 0.3cm 두께로 얇게 썰어주세요.

골든 키위 ○ GOLDEN KIWI
껍질을 제거하고 세로로 반을 자른 뒤 0.3cm 두께로 썰어주세요.

바나나 ○ BANANA
갈변을 막기 위해 사용 직전 껍질을 벗기고 0.2cm 두께로 작게 썰어주세요.

청포도 ○ GREEN GRAPE
가로로 놓고 3등분으로 썰거나 통으로 사용하세요.

PART 2　과일 FRUITS

**청포도 샌드위치
단면 썰기**

마스카르포네 크림소스 76 페이지 참고를, 식빵에 고르게 펴 바르고 청포도를 여섯 개 올린 후 방향에 맞춰 3등분 합니다.

**딸기 샌드위치
단면 썰기**

딸기는 놓는 방향이 중요하니 사진의 위치대로 놓은 후 대각선으로 썰어주세요.
딸기를 더욱 풍성하게 돋보이도록 만들려면 알이 굵은 딸기를 사용하세요. 단면을 봤을 때 딸기가 꽉 차 보기에 좋습니다.

**혼합 과일 샌드위치
단면 썰기**

과일은 모두 0.5cm 두께를 넘지지 않도록 얇게 써는 게 좋아요. 과일의 식감을 살리고 싶다면 작은 조각으로 썰어 넣어도 됩니다. 식빵 양면에 마스카르포네 크림치즈를 두껍게 바르고 바나나, 골든 키위, 딸기, 청포도를 올린 후 2등분으로 썰어주세요.

샌드위치 속 재료의 기초

PART 2　양념 SEASONINGS

샌드위치를 완성하는 양념

올리브유
OLIVE OIL

엑스트라 버진 올리브유Extra Vergin Olive Oil와 정제 올리브유Refined Olive Oil 두 가지를 주로 사용합니다. 엑스트라 버진 올리브유는 오픈 샌드위치나 채소가 많이 들어가는 샌드위치를 완성하기 전에 속 재료 위에 살짝 두르면 올리브유 특유의 진한 향을 잘 느낄 수 있습니다. 정제 올리브유는 엑스트라 버진 올리브유에 비해 올리브의 맛과 향을 느끼기는 어렵지만 조리 발연점이 적합해 채소를 볶거나 닭가슴살을 오븐이나 팬에 익힐 때 사용합니다.

• 올리브유 4종 •
▶ 엑스트라 버진 올리브유 Extra Virgin Olive Oil
▶ 버진 올리브유 Virgin Olive Oil
▶ 정제 올리브유 Refined Olive Oil
▶ 퓨어 올리브유 Pure Olive Oil

검은 후추
BLACK PEPPER

소금을 뿌린 뒤 검은 통후추를 그라인더를 이용해 재료 위에 갈면 후추 맛과 향을 조절할 수 있습니다. 시중에서 판매하는 갈아진 조미 후추가 아닌 통후추를 사는 게 좋습니다. 검은 후추는 한식의 깨소금처럼 마지막을 장식하는 악센트의 역할도 합니다.

/ 샌드위치 속 재료의 기초

마요네즈
MAYONNAISE

마요네즈의 부드럽고 고소한 맛은 샌드위치 맛을 더욱 풍부하게 합니다. 직접 만들거나 시판 마요네즈를 사서 편리하게 사용할 수 있습니다. 뉴질랜드 청정지역의 방목 닭이 낳은 달걀로 만든 하인즈의 시리어스리 굿 마요네즈는 마요네즈 파생 소스를 만들 때 베이스로 활용하기 좋습니다.

머스터드
MUSTARD

홀그레인 머스터드

디종 머스터드

샌드위치에 빠질 수 없는 조미료인 홀그레인 머스터드Whole Grain Mustard와 디종 머스터드Dijon Mustard. 갈색 씨겨자에 화이트 와인 또는 식초를 넣어 만든 프랑스 소스입니다. 씨가 그대로 들어 있는 것과 곱게 간 페이스트Paste 두 종류가 있습니다. 매운맛과 신맛이 적절한 조화를 이루며, 햄과 팬프라이 닭다리, 등심 등의 재료에 잘 어울립니다. 가끔 중국 연겨자 튜브로 대체해 사용하는 경우가 있는데, 중국 겨자는 씁쓸한 맛을 내며 설탕, 식초와 같은 조미료로 맛을 더해 사용합니다. 머스터드와는 다른 맛이므로 선택에 주의하세요.

소금
SALT

샌드위치에 소금을 쓸 때 각각의 재료 위에 바로 간을 하는 경우가 많습니다. 이때 아주 고운 소금이나 굵은 소금보다는 일반적인 꽃소금 굵기가 좋습니다. 소금을 뿌리는 높이에 따라 퍼지는 범위가 달라지는데, 샌드위치 재료와 소금의 거리는 약 15cm가 적절합니다.

샌드위치 소스의 기본, 마요네즈 만들기

샌드위치의 주재료와 빵을 조합하기 전 가장 먼저 하는 일은 무엇일까요? 재료에서 나오는 수분이 빵으로 스며들지 않도록 빵 겉면에 지방층을 만드는 작업입니다. 이때 사용하는 소스가 정해져 있다거나 특별한 규칙이 있는 것은 아니지만 대부분 마요네즈를 선호합니다. 마요네즈는 빵의 결을 해치지 않으면서 쉽고 빠르게 바를 수 있습니다. 기능성과 가성비는 물론이고 특별히 튀는 맛이 없어 어떤 재료에 곁들여도 무난히 어울립니다. 집에 있는 몇 가지 재료로 기본 마요네즈와 다양한 재료를 더해 색다른 마요네즈 소스를 만들어보세요.

/ 샌드위치 속 재료의 기초

홈메이드 마요네즈 만들기

달걀노른자 한 개로 만드는 홈메이드 마요네즈 레시피

INGREDIENTS ▶ 달걀노른자 1개, 디종 머스터드 10g, 화이트 와인 식초 15g, 소금 2g, 흰 후추 적당량, 정제 올리브유 150g

* 볼, 거품기, 계량스푼, 스패출라 준비

TIP
마요네즈에 들어가는 신맛은 레몬주스, 현미 식초, 사과 식초, 화이트 와인 식초 모두 가능합니다.

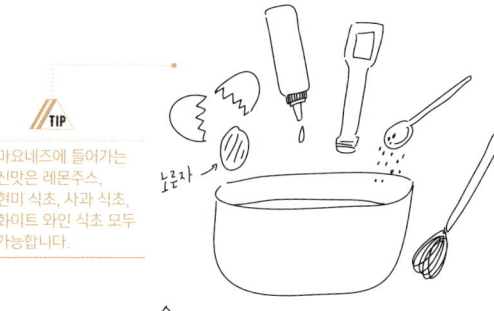

① 볼에 달걀노른자, 머스터드, 화이트 와인 식초, 소금, 흰 후추를 순서대로 계량해 넣고 달걀노른자의 색이 병아리의 샛노란 털처럼 보일 때까지 거품기로 젓는다.

② 모든 재료가 섞이고 노랗게 색이 돌기 시작하면 정제 올리브유 50g을 네 번에 나눠 조금씩 넣으며 계속해서 젓는다.

③ 1의 재료와 올리브유가 분리되지 않고 완전히 섞이면 남은 올리브유 100g을 네 번에 나눠 넣으며 속도를 높여 젓는다.

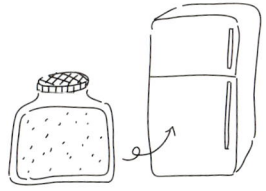

④ 물기를 깨끗이 닦은 용기에 담아 냉장고에 보관, 최대 5일까지 사용한다.

알아두기

유지의 종류에 따라 마요네즈 색이 달라지기도 하나요?

엑스트라 버진 올리브유, 포도씨유처럼 녹색이 도는 유지로 만든 마요네즈와 정제 올리브유, 콩기름처럼 노란빛이 나는 유지로 만든 마요네즈는 완성 후 색감에 차이가 있습니다. 약간 녹색을 띠는 것보다 연한 노란빛을 띠는 마요네즈가 시각적으로 더욱 맛있어 보입니다. 엑스트라 버진 올리브유와 포도씨유는 재료의 향이 강해 마요네즈의 섬세한 맛을 덮을 수 있으니 사용량을 잘 조절하세요.

(좌)엑스트라 버진 올리브유
(우)정제 올리브유 또는 일반 유지

마요네즈 베이스로 만드는 응용 소스

홈메이드 마요네즈 레시피로 마요네즈를 만들어보았다면 이제 한 단계 더 나아가 마요네즈 응용 소스를 만들 차례입니다. 마늘을 넣은 아이올리, 허브를 다져 넣은 허브 마요네즈, 겨자를 더한 남프랑스식 아이올리, 스위트 렐리시와 달걀을 더한 타르타르 소스까지! 기본 마요네즈에 재료를 하나씩 추가해 새로운 샌드위치 소스를 만들어보세요.

> **TIP**
> 여기서 소개하는 마요네즈 응용 소스 레시피는 홈메이드 마요네즈를 기준으로 합니다. 시판용 마요네즈로 만들 때는 레시피당 소금 1g을 추가로 넣어주세요.

아이올리 남프랑스 아이올리

유자 마요 홀그레인 겨자 마요 스리라차 마요

허브 마요 타르타르 달걀 마요 스위트 마요

TIP

시중에서 판매하는 다진 마늘은 물을 넣고 갈아서 만들기 때문에 아린 맛이 날 수 있습니다. 소스에 넣는 다진 마늘은 직접 다져 사용하는 것을 추천합니다. 마늘을 다지는 대신 강판에 곱게 갈아 넣어보세요. 풍미가 더욱 진하며 마늘 맛을 고르게 전달할 수 있습니다.

아이올리 ○ AIOLI
오이, 당근, 피망 등을 찍어 먹는 디핑 소스로 활용해도 좋고 고기가 들어가는 햄버거 소스로도 추천합니다. 마요네즈 100g에 다진 마늘 15g을 넣어 마늘의 풍미를 올려주세요.

남프랑스 아이올리 ○ SOUTH FRENCH STYLE AIOLI
팬에 구운 등심류의 고기를 찍어 먹는 소스로 잘 어울립니다. 아이올리 소스 100g에 디종 머스터드 15g을 넣어 풍부한 겨자 맛을 더해주세요.

유자 마요 ○ YUZU MAYO
기본적인 샐러드나 양배추채 샐러드에 버무림 소스로 추천합니다. 유자의 달콤함과 산뜻한 향이 채소에 더해져 더욱 맛있게 즐길 수 있어요. 마요네즈 100g에 곱게 다진 유자청 30g을 넣고 섞어주세요.

홀그레인 겨자 마요 ○ WHOLE GRAIN MUSTARD MAYO
홀그레인 머스터드의 겨자씨가 톡톡 씹히며 알싸한 맛을 내는 소스로 육류 샌드위치나 핫도그에 잘 어울립니다. 마요네즈 100g에 홀그레인 머스터드 30g, 디종 머스터드 20g을 넣고 잘 섞어 만듭니다.

스리라차 마요 ○ SRIRACHA MAYO
따뜻한 색감과 더불어 매콤한 맛이 나는 소스로 육류 샌드위치에 넣거나 삼겹살, 샤브샤브를 찍어 먹기에도 좋습니다. 마요네즈 100g에 스리라차 핫소스 30g을 넣어 만듭니다.

허브 마요 ○ HERB MAYO
구운 연어와 새우 등 해산물 요리의 소스로 잘 어울립니다. 마요네즈 100g에 다진 이탈리아 파슬리나 딜, 처빌 등을 ½ts 넣어 신선한 향과 맛을 더해주세요.

타르타르 달걀 마요 ○ TART TART EGG MAYO
부드러운 맛과 새콤한 맛이 어우러져 입맛을 돋우는 타르타르 달걀 마요는 그 자체로 샌드위치에 얇게 발라 먹거나 감자 샐러드 소스로도 잘 어울립니다. 마요네즈 100g에 다진 완숙 달걀 6개, 다진 스위트 렐리시 80g, 다진 양파 50g, 다진 노랑 파프리카 15g, 다진 홍피망 15g, 레이지 레몬주스 3g, 검은 후추 적당량과 다진 파슬리 적당량을 섞어 만듭니다.

스위트 마요 ○ SWEET MAYO
마요네즈에 연유를 더하면 특별한 추가 재료 없이도 달콤한 스위트 마요가 만들어집니다. 채소가 들어가는 샌드위치에 올리면 드레싱 역할을 하고 닭 요리에 소스로 사용하거나 버무리는 용도로도 사용합니다. 마요네즈 100g에 연유 30g을 넣어 만듭니다.

샌드위치를 맛있게 만드는 미식 소스

케이퍼 메이플 소스 ○ MINCED CAPER WITH MAPLE SYRUP

* 샌드위치 6개 분량
INGREDIENTS ▶ 케이퍼 45g, 레이지 레몬주스 30g, 메이플 시럽 80g, 올리브유 30g, 디종 머스터드 6g, 소금·검은 후추 적당량

① 병에 담긴 케이퍼를 꺼내 체에 받쳐 물기를 뺀 뒤 칼로 가볍게 다진다.
② 볼에 다진 케이퍼와 나머지 재료를 넣고 고루 섞는다.

아몬드루콜라 페스토 ○ ALMOND-RUCOLA PESTO

* 샌드위치 6개 분량
INGREDIENTS ▶ 아몬드 80g, 루콜라 160g, 이탈리아 파슬리 60g, 파르미지아노 레지아노치즈 30g, 물 60g, 엑스트라 버진 올리브유 6Ts, 로즈메리 1줄기, 마늘 15알, 소금·검은 후추 적당량

① 아몬드는 190℃ 오븐 또는 중불의 팬에서 표면이 노릇노릇해질 때까지 흔들어주면서 구운 후 꺼내 완전히 식힌다.
② 믹서에 식힌 아몬드와 나머지 재료를 넣고 부드러워질 때까지 간 후 소금, 후추를 더해 마무리한다.

마스카르포네 크림 ○ CREAMY MASCARPONE CHEESE CREAM

* 샌드위치 6개 분량
INGREDIENTS ▶ 마스카르포네치즈 50g, 생크림 250g, 설탕 40g

① 볼에 생크림을 넣고 거품기로 빠르게 저으며 설탕을 조금씩 넣는다.
② 음료에 올리는 휘핑크림처럼 크림 질감이 단단해지면 마스카르포네치즈를 더해 완전히 되직해지도록 젓는다. 거품기를 크림에 넣었을 때 파묻혀 고정되는 느낌이 들면 완성.
TIP ▷ 마스카르포네 크림은 온도에 예민하기 때문에 사용 전까지 냉장고에 보관해두세요.

/ 샌드위치 속 재료의 기초 /

케이퍼
메이플 소스

아몬드루콜라
페스토

마스카르포네
크림

샌드위치 만들 때 필요한 도구

식빵 샌드위치

치아바타 샌드위치

바게트&사워도우 샌드위치

베이글 샌드위치

크루아상 샌드위치

Part 3

샌드위치 레시피

Sandwich Recipe

PART 3

샌드위치 만들 때 필요한 도구

샌드위치도 도구를 사용하면 더욱 편하게 만들 수 있습니다. 몇 가지 도구를 이용해 전문가처럼 샌드위치를 만들어보세요.

브레드 나이프 ○ BREAD KNIFE
샌드위치나 빵을 써는 칼은 손잡이를 제외한 칼날 길이가 35cm 이상 되는 것을 추천합니다. 높이가 있는 샌드위치를 썰 경우 눌리지 않게 썰기 위해서는 무게감이 느껴지는 빵칼을 사용하는 것이 좋습니다. 특히 긴 빵칼은 자를 때 안정적으로 흔들림 없이 움직일 수 있어 깨끗하게 샌드위치를 썰 수 있습니다.

제스터 | 치즈 그레이터 ○ ZESTER | CHEESE GREATER
파르미지아노레지아노치즈를 갈거나 레몬 또는 오렌지 껍질을 곱게 가는 데 사용하는 도구입니다.

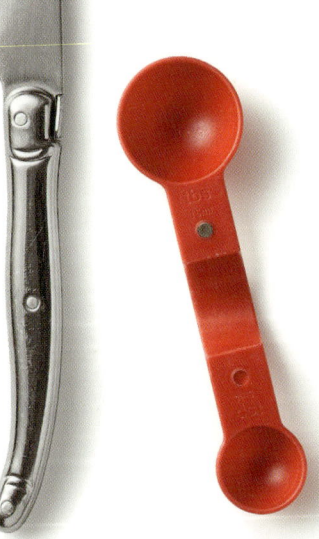

계량스푼 ○ MEASURING SPOON
요리 경험이 많아도 컨디션에 따라 간이 달라져 일정한 맛을 내지 못할 때가 있죠. 정확한 계량 도구를 사용해야 하는 이유입니다. 계량스푼은 1Ts과 ½ts, ⅓ts, ¼ts 네 가지가 한 세트로 묶여 있는 제품도 있고 사진에서 보는 것과 같이 1Ts과 1ts이 양옆으로 달려 있는 것도 있습니다. 계량스푼에는 세부 눈금이 표시되어 있고 한번 사면 평생을 사용하게 됩니다. 불에 닿을 일이 없어 보관 시 물에 젖거나 자주 사용하지 않으면 녹이 생길 수 있는 스테인리스스틸 재질보다는 플라스틱 재질을 추천합니다.

/ 샌드위치 레시피 /

고무 스패출라 ○ PLASTIC SPATULA
크림이나 소스 타입의 재료를 섞을 때 사용하기 좋습니다. 또 다른 그릇으로 깔끔하게 옮길 수 있어 유용한 조리 도구입니다.

우든 스프레드 ○ WOODEN SPREAD
빵에 버터와 마요네즈, 크림치즈 등을 바를 때 사용합니다.

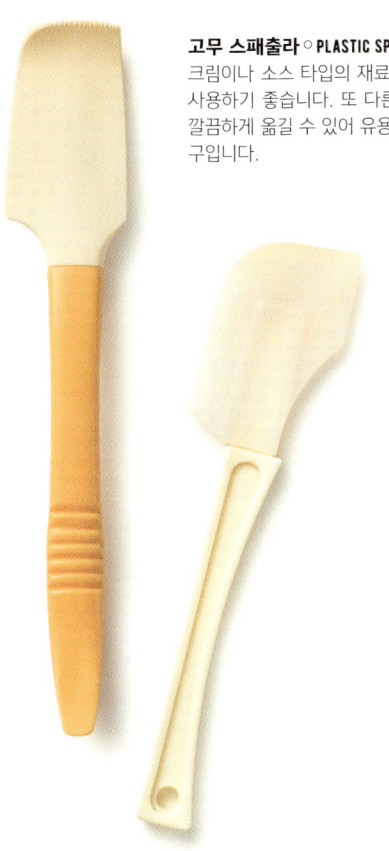

전자 저울 ○ ELECTRONIC SCALE
계량 스푼과 마찬가지로 전자 저울은 정확한 계량을 할 때 가장 필요한 도구입니다. 보통 1g 단위의 전자 저울을 가장 많이 사용하며. 살 때 최대 중량이 몇인지 확인해야 합니다.

아이스크림 스쿱 ○ ICE CREAM SCOOP
10g, 20g, 40g 등 용량별로 선택이 가능하며 부드러운 치즈를 빠르고 쉽게 계량할 수 있습니다.

식빵 샌드위치
LOAF BREAD SANDWICH

부티크 샌드위치
BOUTIQUE SANDWICH ▶ 84P

멜팅 모차렐라치즈 토스트
GENTLY MELTED MOZZARELLA CHEESE SANDWICH ▶ 86P

통통한 오믈렛 샌드위치
THICK EGG OMELET SANDWICH ▶ 88P

타르타르 달걀 마요 샌드위치
TARTAR EGG MAYO SANDWICH WITH LEAN HAM & CHEESE ▶ 90P

햄&치즈 호밀 샌드위치
HAM AND CHEESE VEGETABLES SANDWICH MADE ON RYE BREAD ▶ 92P

반숙 달걀을 더한 아보카도 튜나 샌드위치
A HALF-BOILED EGG ADDED TO AN AVOCADO TUNA SANDWICH ▶ 94P

캔디드 베이컨 BLT 샌드위치
HOMEMADE CANDIED BACON BLT SANDWICH ▶ 96P

토종닭 클럽 샌드위치
LOCAL CHICKEN CLUB SANDWICH WITH SOUTHERN FRENCH STYLE AIOLI ▶ 98P

등심 스테이크 샌드위치
SIRLOIN STEAK SANDWICH WITH MUSTARD GREEN LEAF ▶ 100P

과일 샌드위치
FRUITS SANDWICH ▶ 102P

PART 3 　식빵 샌드위치

부티크 샌드위치

Boutique Sandwich

다양한 재료로 간단히 구성할 수 있는 작고 고급스러운 부티크 샌드위치. 브런치 타임이나 오후 시간에는 차와 함께, 저녁 시간에는 와인과 함께 시간의 구애 없이 즐겨보세요. 부드러운 달걀, 아삭한 오이에 새콤한 프로마주 블랑 치즈를 곁들여 만들어보았습니다.

달걀 샐러드 샌드위치

INGREDIENTS

식빵 0.7cm 2장, 프로마주 블랑 치즈 또는 마요네즈 40g

달걀 샐러드 (샌드위치 2개 분량)
▶ 달걀 3개, 마요네즈 30g, 홀그레인 머스터드 10g, 소금·검은 후추 적당량

TIP
마요네즈와 섞은 달걀노른자는 입자 있게 자른 달걀흰자 사이사이에 촘촘히 들어가 샌드했을 때 서로를 붙여주는 역할을 합니다.

RECIPE

❶ 달걀은 끓는 물에 소금을 넣고 10~11분 삶아 찬물에 식혀 껍질을 벗긴 후 흰자와 노른자를 분리해 흰자는 가로세로 1cm 크기로 썰고 노른자는 곱게 으깬다.

❷ 볼에 달걀노른자, 마요네즈, 소금을 넣고 스패출라로 부드럽게 섞은 다음 홀그레인 머스터드, 달걀흰자, 검은 후추를 더해 가볍게 버무린다.

❸ 식빵은 가장자리 네 면을 썰고 샌드위치 안쪽이 될 면에 프로마주 블랑 치즈를 바른 뒤 달걀 샐러드를 올리고 다른 식빵으로 덮는다.

❹ 샌드위치를 4등분으로 먹기 좋게 썬다.

오이 샐러드 샌드위치

INGREDIENTS

식빵 0.7cm 2장, 프로마주 블랑 치즈 또는 마요네즈 40g

절인 오이 샐러드 (샌드위치 2개 분량)
▶ 오이 1개, 물 1C, 소금 1ts

RECIPE

❶ 오이는 가로로 반을 가른 후 얇게 썬다.

❷ 볼에 미지근한 물과 소금을 넣고 잘 저어 소금이 녹으면 오이를 넣고 20분 동안 절인다.

❸ 오이를 건져 물기를 꼭 짜고 사용할 때까지 냉장고에 넣는다.

❹ 식빵은 가장자리를 썰고 샌드위치 안쪽이 될 면에 프로마주 블랑 치즈를 바른 후 절인 오이를 고루 펴고 다시 식빵을 올려 샌드한다.

❺ 샌드위치를 4등분한다.

TIP 포장 팁

두 가지 부티크 샌드위치를 포장할 때는 노란색이 많은 달걀 샐러드 샌드위치와 녹색이 많은 오이 샐러드 샌드위치를 각각 4등분해 두 가지 샌드위치를 교차해 담으면 색감이 두드러져 보기에 좋습니다.

PART 3 식빵 샌드위치

멜팅
모차렐라치즈
토스트

Gently melted
Mozzarella Cheese
Sandwich

온전히 치즈를 위한 샌드위치를 만들고 싶다면 두꺼운 식빵 위에 치즈를 가득 올려 즐겨보세요. 파스타 필라타 계열의 쭉 늘어나는 모차렐라치즈 하나만 올려도 맛있습니다. 도톰하게 썬 모차렐라치즈를 따뜻하게 녹여 소금과 후추로 간을 하면 간단하지만 정말 맛있는 샌드위치가 완성됩니다. 전자레인지로 빵 속까지 후끈후끈 따뜻하게 데워 드시는 것을 추천해요.

INGREDIENTS

식빵 3cm 1장, 생모차렐라치즈 1개, 소금·검은 후추 적당량

RECIPE

❶ 모차렐라치즈는 1cm 두께로 썰어 키친타월 또는 수분이 자연스럽게 빠질 수 있는 체에 3분 정도 올려놓는다.

❷ 굽지 않은 식빵에 치즈를 올리고 소금으로 간을 한다.

❸ 가정용 전자레인지(700~800W)에 30~45초 돌려 치즈가 살짝 녹으면 꺼내 검은 후추를 갈아 샌드위치에 색을 강조한다.

치즈가 데워지면서 치즈 안에 있는 수분이 흘러나와 빵을 적시기 때문에 물기를 잘 빼는 것이 중요합니다.

알아두기

냉장고에서 꺼낸 모차렐라를 바로 사용해도 되나요?
모차렐라치즈가 차가우면 녹는 시간이 걸리므로 전자레인지를 돌리는 시간이 길어집니다. 이에 빵과 치즈의 온도 차가 발생하며 치즈의 수분이 쑥 빠지게 되는데요. 이 수분이 빵으로 흘러들어 눅눅해질 수 있으니 치즈를 실온에 20분 정도 두어 찬기를 없애주는 게 좋습니다.

모차렐라 이외에 다른 치즈를 사용해도 괜찮나요?
생모차렐라치즈 외에 가공 모차렐라 피자 치즈, 슬라이스 타입 치즈, 체더 등의 비가열·가열 압착 치즈도 좋습니다. 여러 가지 치즈를 넣고 싶다면 비가열·가열 압착 치즈를 식빵에 올려 녹인 후 크림치즈, 프로마주 블랑, 리코타치즈 등을 듬뿍 올리고 엑스트라 버진 올리브유를 흩뿌린 후 소금과 검은 후추로 치즈에 간을 맞추면 더욱 맛이 좋습니다.

PART 3 | 식빵 샌드위치

통통한
오믈렛 샌드위치

Thick Egg Omelet
Sandwich

대부분 아침 식사에는 부드러운 달걀
요리를 선호합니다. 달걀프라이,
스크램블드에그, 오믈렛, 달걀찜 등 다양한
조리법이 가능하죠. 이번 샌드위치는
오믈렛을 속 재료로 골라보았습니다. 달걀을
잘 부풀려 부피감 있게 만들어야 합니다.
레시피를 읽고 세심하게 조리해보세요.

INGREDIENTS

식빵 2cm 2장, 달걀 4개, 우유 60ml, 소금 5g, 올리브유 1Ts,
버터 1Ts, 디종 머스터드 1ts, 브라운 케첩 소스 2ts

브라운 케첩 소스 ▶ 불독 돈가스 소스 : 케첩 = 1 : 1

RECIPE

❶ 볼에 달걀 4개를 풀고 우유와 소금을 더해 거품기로 젓는다.

❷ 예열한 팬에 올리브유와 실온에 보관한 버터를 넣고 버터가 타지 않도록 중불에서 가열한다.

❸ 버터가 녹으면 ❶을 넣고 스패츌라로 스크램블드에그를 만들다 반숙으로 익힌다. 가장자리가 40% 정도 익으면 불을 끄고 뚜껑을 덮어 1분 정도 찌는 듯 남은 열로 익힌다. 찌는 과정에서 달걀이 부풀어 올라 부피가 더욱 커져 오믈렛이 부드러워진다.

❹ 뚜껑을 열어 달걀을 반으로 접고 다시 반으로 접는다.

❺ 샌드위치 안쪽 면이 될 식빵의 한쪽에는 디종 머스터드를, 다른 한쪽에는 브라운 케첩 소스를 바른다. 오믈렛을 얹은 뒤 식빵으로 덮는다.

❻ 달걀과 빵이 잘 붙도록 10초 정도 샌드위치를 가볍게 누른다. 식빵 가장자리 네 면을 칼로 자를 때 오믈렛 단면도 함께 깨끗이 정리된다. 네 면을 썰고 다시 4등분한다.

PART 3 | 식빵 샌드위치

타르타르
달걀 마요 샌드위치

Tartar Egg Mayo Sandwich with Lean Ham & Cheese

타르타르 달걀 마요는 소스 역할은 물론이고 샌드위치의 주요
재료로도 충분히 활용 가능합니다. 새콤달콤하게 만든 채소와
달걀에 어울릴 치즈와 햄 그리고 듬뿍 담은 소스를 받쳐줄 식빵은
두껍게 썰어 포만감을 느낄 수 있도록 만들었습니다.

INGREDIENTS

식빵 4 cm 2장, 타르타르 달걀 마요 6Ts 75 페이지 참고,
체더치즈 1장, 린햄 2장

RECIPE

❶ 통식빵을 4cm 두께로 썰고 가장자리 네 면은 모두 자른다.

❷ 샌드위치의 안쪽 면이 될 식빵에 타르타르 달걀 마요를 듬뿍 올리고 체더치즈와 린햄 2장을 올린다. 린햄 위에 검은 후추를 갈아 올리고 식빵을 올린다.

❸ 샌드위치를 10초 정도 양손으로 가볍게 누르고 반으로 자른다.

TIP

린햄이 없으면 일반적인 슬라이스 햄을 사용하면 됩니다. 다만 두께가 얇을 경우 레시피에 표기된 린햄 2장의 두께(0.4cm)를 맞춰주세요. 체더치즈가 없다면 일반 슬라이스 치즈로 대체해도 됩니다.

PART 3 　 식빵 샌드위치

햄&치즈
호밀 샌드위치

Ham and Cheese
Sandwich made
on Rye Bread

기본적인 햄, 치즈 샌드위치를 좀 더 맛있게 만드는 방법은
무엇일까요? 채소와 식빵에 포인트를 두면, 간단한 조합이라도 더욱
맛있어 보인답니다. 채소의 맛과 색이 풍부한 혼합 채소를 사용해
샌드위치의 부피를 풍성하게 살려보세요. 여기에 호밀 식빵으로
고소한 색감과 맛을 더하면 한층 더 풍미 좋은 샌드위치가 완성됩니다.

| 샌드위치 레시피

INGREDIENTS

호두 호밀 식빵 2cm 2장,
혼합 잎채소(프리제, 라디치오, 교나, 미니코스) 30g 58 페이지 참고,
홀그레인 겨자 마요 30g = 2Ts 75 페이지 참고,
체더치즈 2장, 린햄 4장, 소금·검은 후추 적당량

RECIPE

① 프리제, 라디치오, 교나, 미니코스 등을 손가락 마디 정도로 잘라 섞는다.

② 호두 호밀 식빵을 토스터에 2분 정도 굽고 안쪽 면이 될 식빵 2장에 홀그레인 겨자 마요를 바른다.

③ 식빵에 체더치즈 2장을 올리고 그 위에 반으로 접은 린햄 4장을 올린다. 소금과 검은 후추를 뿌려 간을 한다.

④ 식빵을 덮고 샌드위치를 가로로 3 등분한다.

TIP 포장 팁

샌드위치에 고정 핀(이쑤시개)을 가로 3등분 기준으로 상중하 세 개를 꽂은 후 썰어 포장 박스에 넣어 보세요. 이때 샌드위치 속 재료가 화려하게 보일 수 있도록 단면을 위로 가게 해서 담아주세요.

PART 3 | 식빵 샌드위치

반숙 달걀을 더한 아보카도 튜나 샌드위치

A Half-boiled Egg added to an Avocado Tuna Sandwich

> 아보카도를 좋아하는데 샌드위치
> 속 재료와의 조합을 고민하셨나요?
> 아보카도와 잘 어울리는 재료들을 소개합니다.
> 든든함을 채워줄 달콤한 참치 필링부터
> 부드러운 소스 역할을 해줄 반숙 달걀과
> 쌉쌀한 알파파 채소까지. 생소한 조합이지만
> 부드러운 조화를 보이는 샌드위치입니다.

샌드위치 레시피

INGREDIENTS

식빵 2cm 2장, 달걀 1개, 알파파 1줌, 로메인 2장, 아보카도 1개,
달콤한 참치 100g 44 페이지 참고, 버터 적당량 / 한쪽에 1스푼

RECIPE

❶ 냄비에 달걀을 넣고 달걀이 잠길 정도로 찬물을 부어 물이 끓기 시작하면 중약불로 줄이고 반숙으로 7분간 삶은 후 찬물에 담가 식혀 껍질을 벗긴다.

❷ 알파파와 로메인은 찬물에 3분 정도 담갔다 물기를 제거한다.

❸ 아보카도는 반으로 잘라 씨를 제거한 후 껍질을 벗기고 0.3cm 두께로 슬라이스한다.

❹ 식빵을 토스터에서 2분 정도 노릇하게 굽고 안쪽 면이 될 식빵에 버터를 바른 후 아보카도 슬라이스를 겹치듯 올리고 소금과 검은 후추로 간을 한다. 바로 달콤한 참치와 반숙 달걀, 알파파를 얹고 로메인과 식빵을 올린다.

❺ 샌드위치를 포장 유산지에 얹고 유산지로 팽팽하게 감싼 후 양 끝을 접어 테이프로 고정한다. 칼로 샌드위치를 2등분한다.

TIP 포장 팁

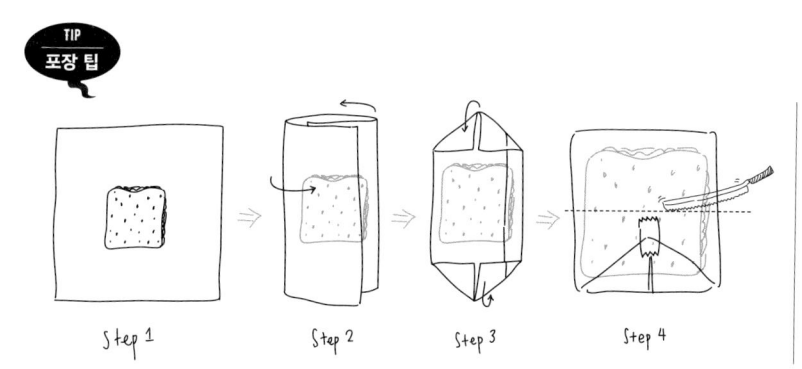

Step 1   Step 2   Step 3   Step 4

PART 3 　식빵 샌드위치

캔디드 베이컨 BLT 샌드위치

Homemade Candied
Bacon BLT Sandwich

미국을 대표하는 BLT 샌드위치는 슈퍼마켓이 급속히 확장하던 시기 인기를 얻기
시작했습니다. B 베이컨Bacon, L 레터스Lettuce, T 토마토Tomato로 샌드위치 이름을
풀어보면 메인 식재료 세 가지 이름 첫글자를 따온 것을 알 수 있지요. 마켓에서
인기리에 판매된 덕분에 레터스와 토마토는 1년 내내 사용 가능한 식재료가 되었습니다.
아삭한 채소와 베이컨의 조합은 언제나 먹을 수 있는 클래식한 조합이기도 합니다.
이 책에서는 BLT 레시피에 베이컨으로 차별점을 두었습니다. 메이플 시럽과 간장으로
달콤짭짤한 맛을 가미한 캔디드 베이컨으로 특별한 BLT 샌드위치를 즐겨보세요.

INGREDIENTS

호두 호밀 식빵 2cm 2장, 토마토 2장, 로메인 6장, 소금·검은 후추 적당량,
마요네즈 40g, 캔디드 베이컨 4장 47 페이지 참고

RECIPE

① 토마토는 0.7cm 두께로 썰고 키친타월에 올려 수분을
제거한다. 이때 소금과 검은 후추를 뿌려 밑간한다.

② 물기를 제거한 로메인은 그릇에 담아 소금과 검은 후추를
뿌려 간을 한다.

③ 호두 호밀 식빵은 토스터에 2분 정도 노릇하게 굽고
샌드위치의 안쪽 면이 될 식빵에 마요네즈를 바른다.

④ 캔디드 베이컨을 켜켜이 올린 후 토마토와 로메인을 올리고
식빵을 덮어 샌드한 후 2등분한다.

TIP

샌드위치 채소에 미리 소금과
검은 후추로 간을 하면 맛이
균형을 이룹니다.

토종닭 클럽 샌드위치

Local Chicken Club Sandwich with Southern French Style Aioli

식빵 세 장 사이에 닭다리살, 토마토, 베이컨, 달걀 등 다양한 재료가 들어가는 영양만점 닭다리살 클럽 샌드위치입니다. 이 레시피에서는 닭에 차별화를 두었는데요. 흔히 사용하는 육계가 아닌 자연에서 자란 토종닭을 사용해 샌드위치에 더욱 쫄깃한 식감을 더했습니다. 다양한 재료가 들어가는 클럽 샌드위치는 높이감이 있으므로 편하게 먹을 수 있도록 0.7cm의 얇은 식빵을 사용합니다.

TIP
토종닭은 대체로 산란계 노계일 확률이 높습니다. 구입할 때 동물 복지 토종닭 인증 마크를 확인하세요.

INGREDIENTS

식빵 0.7cm 3장, 달걀 1개, 베이컨 2장, 토마토 ⅓개, 로메인 3장, 버터 적당량, 남프랑스 아이올리 30g 75 페이지 참고, 팬 프라이 닭다리살 1개 45 페이지 참고

RECIPE

① 냄비에 달걀을 넣고 달걀이 잠길 듯 찬물을 부어 물이 끓기 시작하면 중약불로 줄이고 11분간 삶은 후 흐르는 찬물에 담가 식힌다. 달걀은 껍질을 벗겨 4~5등분으로 얇게 썬다.

② 달군 팬에 베이컨을 넣고 노릇하게 굽는다.

③ 토마토는 0.5cm 두께 원형으로 썰어 키친타월에 올린 후 수분을 제거한 뒤 소금, 후추로 밑간한다.

④ 로메인은 씻어 물기를 제거한다.

⑤ 식빵 3장을 토스터에 2분 정도 굽는다. 버터를 식빵에 바르는데 2장은 한 면에, 나머지 1장은 양면에 바른다.

⑥ 닭다리살은 길게 3등분한다.

⑦ 식빵의 네 면에 고정 핀을 꽂고 사선으로 어슷하게 X자로 4등분한다.

TIP
접시에 담는다면 핀을 그대로 꽂아두고, 포장한다면 핀을 제거하고 머핀 종이컵지에 담아 포장 상자에 넣는 것이 좋습니다.

PART 3　식빵 샌드위치

등심 스테이크 샌드위치

Sirloin Steak Sandwich with Mustard Green Leaf

보통 스테이크를 먹을 때 소스와 빵 그리고 채소를 곁들입니다. 이 구성을 샌드위치로 표현한다면 사진과 같은 모습이 되겠지요. 샌드위치 식사를 대접할 때 만들기 좋은 레시피이며 홀그레인 겨자 마요와 쌉쌀한 겨자잎으로 겨자의 풍미를 살려 고기와 잘 어우러지게 구성했습니다.

INGREDIENTS

식빵 2cm 2장, 마늘 2개, 올리브유 30g, 등심 250g,
홀그레인 겨자 마요 30g 75 페이지 참고, 겨자잎 4장,
불독 돈가스 소스 20g, 소금·검은 후추 적당량

RECIPE

❶ 마늘 1개당 4~5조각으로 슬라이스해 찬물에 담가 마늘 진을 빼고 키친타월에 올려 물기를 완전히 제거한다. 등심에 소금, 후추를 뿌려 잠시 둔다.

❷ 달군 팬에 올리브유를 두르고 슬라이스한 마늘을 넣어 갈색빛이 나면 꺼내 식힌다.

❸ 마늘을 구운 팬에 등심을 올려 앞뒤 노릇하게 구운 후 꺼내 체에 올려 3분 정도 실온에서 휴지시킨다. 샌드위치 사이즈에 맞게 세로 길이로 반을 썬다.

❹ 식빵을 구워 안쪽 면이 될 식빵에 홀그레인 겨자 마요를 바른 후 겨자잎을 4장 올린다. 등심 스테이크를 얹고 불독 돈가스 소스를 뿌린 후 식빵을 덮는다.

❺ 고기 두께를 고려해 먹기 편하도록 4등분하고 튀긴 마늘을 올린다.

TIP

조리한 스테이크는 잠시 휴지시켜 근육이 부드럽게 이완되고 육즙이 고루 퍼지는 시간을 갖습니다. 그 후에 썰면 핏물이 식빵으로 흘러나오는 것을 방지할 수 있습니다.

TIP

샌드위치를 슬라이스할 때 속 재료가 흔들리지 않도록 이쑤시개 4개를 사방에 꽂고 잘라줍니다.

PART 3 | 식빵 샌드위치

과일 샌드위치 *Fruits Sandwich*

비싼 과일 케이크를 대체할 수 있는 과일 샌드위치를 소개합니다. 따뜻한 차와 샴페인을 곁들여 먹거나 아이들 간식으로도 좋은 샌드위치입니다. 샌드위치를 썰었을 때 보이는 탐스러운 단면이 중요한데요. 약간의 규칙을 지켜 만든다면 보기에도 예쁜 과일 샌드위치를 만들 수 있습니다.

통딸기 샌드위치
STRAWBERRY MASCARPONE CREAM CHEESE SANDWICH

INGREDIENTS

식빵 1cm 2장,
마스카르포네 크림 76 페이지 참고 50g,
딸기 4개

RECIPE

① 딸기는 씻어 완전히 물기를 제거하고 3개는 그대로, 1개는 세로 방향으로 반 가른다.

② 식빵의 가장자리 네 면을 썰고 샌드위치 안쪽이 될 면에 마스카르포네 크림을 각각 20g씩 바른다. 그 위에 대각선 방향으로 딸기 3개를 놓고 반으로 자른 딸기를 양옆으로 놓은 후 식빵으로 덮는다.

③ 대각선 방향으로 4등분한다.

청포도 샌드위치
GREEN GRAPE MASCARPONE CREAM CHEESE SANDWICH

INGREDIENTS

식빵 1cm 2장,
마스카르포네 크림 76 페이지 참고 40g,
청포도 6알

RECIPE

① 식빵의 가장자리 네 면을 썰고 샌드위치 안쪽이 될 면에 마스카르포네 크림을 각각 20g씩 바른다.

② 청포도를 올리고 식빵을 올린다.

③ 청포도 사이로 칼집을 넣어 3등분한다.

타르타르 달걀 마요 샌드위치

치아바타 샌드위치
CIABATTA SANDWICH

리코타 카프레제 치아바타
CAPRESE WITH RICOTTA CHEESE CIABATTA SANDWICH ▶ 108P

그릴드 채소 치아바타
GRILLED VEGETABLES CIABATTA SANDWICH ▶ 110P

아몬드 루콜라 페스토 감자 치아바타
BLENCHED DICED POTATO WITH ALMOND-RUCOLA PESTO CIABATTA SANDWICH ▶ 112P

구운 캐비지 버섯불고기 치아바타
BULGOGI BEEF WITH PAN SEARING CABBAGE CIABATTA SANDWICH ▶ 114P

리코타 카프레제 치아바타

Caprese with Ricotta Cheese Ciabatta Sandwich

프레시 치즈 중 가장 선호도가 높은 리코타치즈를 기본 카프레제 샌드위치 레시피에 더했습니다. 부드럽고 크리미한 리코타치즈는 치즈 소스처럼 다른 재료와 잘 어우러집니다.

INGREDIENTS

플레인 치아바타 1개, 토마토 슬라이스 3개, 생모차렐라치즈 1개,
루콜라 5줄기, 리코타치즈 40g, 버터 적당량,
엑스트라 버진 올리브유 1ts, 소금·검은 후추 적당량

RECIPE

① 토마토와 모차렐라는 1cm 두께로 동그랗게 썰어 수분이 빠질 수 있도록 키친타월에 올린다. 소금과 검은 후추를 뿌려 간을 한다.

② 깨끗이 씻은 루콜라는 10cm 길이로 썰고 접시에 올려 엑스트라 버진 올리브유와 소금·검은 후추로 간을 한다.

③ 치아바타 빵은 옆으로 포를 뜨듯 끝만 남기고 칼집을 넣고 벌려 2분 정도 노릇하게 토스트한다. 끝만 남기고 벌리면 빵이 찢어진다고 생각할 수 있지만 굽기 전 치아바타 빵은 쫄깃해 손으로 뜯지 않으면 붙어 있다.

④ 빵 안쪽에 버터를 바르고 토마토, 모차렐라치즈, 루콜라, 리코타치즈 순으로 올리고 빵을 덮는다.

PART 3　치아바타 샌드위치

그릴드 채소 치아바타

Grilled Vegetables Ciabatta Sandwich

형형색색의 구운 채소에 산미가 더해진 프로마주 블랑 치즈를 조합한 샌드위치입니다. 굽는 방식을 통해 채소 본연의 단맛을 올리고, 메이플 시럽과 다진 케이퍼로 만든 소스를 곁들였습니다. 바삭한 치아바타의 식감과 부드러운 채소와 치즈의 조합이 매력적인 샌드위치입니다.

INGREDIENTS

바삭한 치아바타 1개, 적양파 ¼개, 양배추 20g, 애호박 50g,
노랑 피망 ¼개, 래디시 1개, 그린빈 2개, 올리브유 20g,
케이퍼 메이플 소스 30g 76 페이지 참고, 프로마주 블랑 치즈 30g

RECIPE

① 적양파와 양배추는 채 썰고, 애호박은 손가락 길이로 썰고,
노랑 피망은 1.5cm 두께로 채 썰어 준비한다. 래디시는
원형으로 4등분한다.

② 팬에 올리브유를 두르고 연기가 날 정도로 달구어 적양파,
양배추, 애호박, 노랑 피망, 그린빈을 굽는다.

③ 치아바타를 옆으로 반 잘라 2분 정도 굽고 빵 아래쪽에
프로마주 블랑 치즈를 발라 양배추와 적양파, 애호박, 노랑 피망,
그린빈, 래디시를 올리고 케이퍼 메이플 소스를 수저를 이용해
고루 뿌려 마무리한다.

PART 3   치아바타 샌드위치

아몬드루콜라 페스토 감자 치아바타

Blenched diced Potato
with Almond-Rucola Pesto
Ciabatta Sandwich

이탈리아에서는 삶은 파스타에 감자를 더하고 페스토 소스에 버무려 먹는 파스타가 있습니다. 여기서 아이디어를 얻어 파스타 대신 감자를 페스토에 버무려 샌드위치로 만들었습니다. 잣과 바질을 주재료로 만들던 페스토 소스에 아몬드를 넣어 더욱 고소하게 만들고, 사각으로 썰어 삶은 감자는 페스토 소스에 버무려 파르미지아노레지아노를 얇게 슬라이스해 숙성 향을 넣고 간을 맞췄습니다.

INGREDIENTS

바삭한 치아바타 1개, 삶은 감자(대) 1개, 삶은 달걀 2개,
아몬드루콜라 페스토 100g 76 페이지 참고, 엑스트라 버진 올리브유 적당량,
소금·검은 후추 적당량, 파르미지아노레지아노치즈 20g

RECIPE

❶ 삶은 감자는 작은 사각형으로 썰고 삶은 달걀은 감자보다 작게 썬다.

❷ 볼에 감자와 달걀을 담고 아몬드 루콜라 페스토를 더해 섞는다. 이때 농도가 부드러워야 하므로 엑스트라 버진 올리브유를 더해가며 잘 섞는다. 소금과 검은 후추로 간한다.

❸ 치아바타 빵은 옆으로 포를 뜨듯 끝만 남기고 칼집을 넣어 벌리고 2분 정도 노릇하게 토스트한다.

❹ 파르미지아노레지아노치즈를 얇게 슬라이스하거나 갈아 준비하고 ❷를 치아바타 빵에 넣고 치즈와 소금·검은 후추를 뿌린다.

알아두기

남은 페스토는 어떻게 사용하면 좋을까요?

페스토는 냉장 보관해 여러 가지 음식에 디핑 소스Dipping Sauce로 사용할 수 있습니다. 잘 구운 치킨과 샐러드 소스, 수란 소스, 차가운 파스타 면에 버무리는 소스 등 다양하게 활용해보세요.

PART 3 　치아바타 샌드위치

구운 캐비지 버섯불고기 치아바타

Bulgogi Beef with Pan Searing Cabbage Ciabatta Sandwich

불고기는 빵과도 잘 어울려 샌드위치 재료로 활용하기 좋습니다. 불고기 피자와 불고기 파니니 등을 생각해보면 쉽게 이해가 되실 텐데요. 흔히 불고기 요리에 넣는 재료로 샌드위치를 만들어보았습니다. 불맛이 나도록 뜨거운 불에 볶아낸 양배추채와 구운 버섯이 샌드위치의 따뜻한 느낌을 살려냅니다.

INGREDIENTS

올리브 치아바타 1개, 소고기(불고깃감) 150g, 올리브유 적당량,
양배추 30g, 표고버섯 2개, 소금·검은 후추 적당량, 오이 피클 ½개,
프로마주 블랑 치즈 40g, 다진 파슬리 1ts

불고기양념 ▶ 맛간장 3Ts, 맛술 1Ts, 참기름 1ts

RECIPE

① 위생장갑을 끼고 고기를 으깨듯 힘을 주어 불고기 양념과
함께 버무린다. 팬에 올리브유를 두르고 센 불에서 불고기를
재빨리 볶는다.

// TIP
불 조절과 냉동 여부에
따라 고기 물이 나올
수 있는데 체에 받쳐
국물은 버리고 불고기만
건져 사용합니다.

② 양배추는 심지가 붙어 있는 부분을 아주 얇게 썰고
표고버섯은 5조각 정도 편으로 썬다.

③ 뜨겁게 달군 팬에 올리브유를 두르고 양배추를 색이 나도록
굽다가 소금과 검은 후추를 뿌려 간해 꺼내놓고 같은 팬에
표고버섯을 재빨리 볶으며 간을 한다.

④ 오이 피클은 세로로 2등분한다.

⑤ 치아바타 빵을 옆으로 반 잘라 2분 정도 토스터에 세워
넣어 굽고 프로마주 블랑 치즈를 빵 안쪽에 두껍게 바른 후
구운 양배추, 불고기, 오이 피클, 표고버섯 순으로 올리고 빵을
덮는다.

// TIP
양배추의 심지 부분을
같이 썰면 모든 면을 잘
구워낼 수 있습니다.

TIP
맛간장 만들기

간장 2½C, 설탕 250g, 청주 ½C을 넣고 설탕이 녹을 때까지
바글바글 끓여주세요. 간장이 식으면 냉장 보관해 사용하세요.

아몬드루콜라 페스토 감자 치아바타

바게트&사워도우 샌드위치
BAGUETTE & SOURDOUGH SANDWICH

신선한 토마토&파르미지아노레지아노 샌드위치
FRESH TOMATO WITH PARMIGIANO REGGIANO SANDWICH ▶ 120P

크랜베리 치킨 사워도우 샌드위치
CRANBERRY CHICKEN SOURDOUGH SANDWICH ▶ 122P

담백 고소한 햄&치즈 바게트
HAM & CHEESE BAGUETTE SANDWICH ▶ 124P

튜나, 토마토, 루콜라 바게트
TUNA WITH TOMATO AND RUCOLA BAGUETTE SANDWICH ▶ 126P

구운 닭과 버섯 바게트
ROASTED CHICKEN WITH MUSHROOM BAGUETTE SANDWICH ▶ 128P

치즈 풍미가 강한 마루아유 바게트
MAROILLES CHEESE BAGUETTE SANDWICH ▶ 130P

발사믹 식초에 졸인 양파와 리코타치즈 오픈 샌드위치
BALSAMIC ONION AND RICOTTA CHEESE TARTIN ▶ 132P

PART 3 | 바게트&사워도우 샌드위치

Fresh Tomato with Parmigiano Reggiano Cheese Sandwich

신선한 토마토&
파르미지아노레지아노 샌드위치

심플한 게 최고지(Simple is the best)라는 말을 샌드위치로
표현한다면 바로 이 레시피가 아닐까 싶습니다. 토마토와 듬뿍
갈아올린 파르미지아노레지아노치즈, 감칠맛 넘치는 두 가지 재료가
만나 단순한 조합임에도 깊은 맛을 냅니다.

| INGREDIENTS |

사워도우 1.5cm 2장, 토마토 ⅓개,
파르미지아노레지아노 50g, 버터 적당량,
엑스트라 버진 올리브유 1ts, 소금·검은 후추 적당량

| RECIPE |

❶ 토마토는 1.5cm 두께의 원형으로 썰고 수분이 빠져나가도록 체에 올려놓는다. 소금과 검은 후추로 밑간한다.

❷ 사워도우에 실온에 둔 버터를 바르고 오븐 토스터 팬에 올린 후 토마토를 놓고 파르미지아노레지아노를 바로 갈아 올린다.

❸ 오븐에 넣고 치즈에 노른빛이 돌면 꺼내 엑스트라 버진 올리브유를 한 바퀴 두르고 검은 후추를 골고루 갈아 뿌린 후 빵을 덮는다.

PART 3　바게트&사워도우 샌드위치

크랜베리
치킨 사워도우

Cranberry Chicken Sourdough Sandwich

물에 데친 부드러운 닭가슴살을 결대로 찢어 다진 견과류와
크랜베리, 건포도, 마요네즈에 버무려 만들었는데요. 고소한
사워도우와 새콤달콤한 닭가슴살 샐러드가 잘 어울립니다.
국내에서 판매하는 샌드위치 중 가장 잘 팔리는 제품입니다.

3등분한 돔형 사워도우

INGREDIENTS

돔형 사워도우 1.5cm 2장, 크랜베리 치킨 100g, 마요네즈 30g, 적양파 ¼개, 로메인 3장, 검은 후추

크랜베리 치킨(샌드위치 4개 분량) ▶ 닭가슴살 300g, 마요네즈 135g, 호두 30g, 건크랜베리 40g, 건포도 10g, 다진 셀러리 20g, 레이지 레몬주스 20g, 디종 머스터드 10g, 소금·검은 후추 적당량

RECIPE

❶ 적양파는 얇게 채 썬다.

❷ 닭가슴살은 삶아 결대로 찢고 호두는 작게 조각낸 후 크랜베리 치킨 나머지 재료와 섞는다.

❸ 빵 양면에 마요네즈를 바른 후 로메인과 크랜베리 치킨, 적양파 순으로 올리고 검은 후추를 뿌린다.

❹ 빵을 덮고 부채꼴 모양으로 3등분한다.

담백 고소한 햄
&치즈 바게트

Ham & Cheese Baguette Sandwich

고소한 바게트에 버터와 홀그레인 머스터드, 햄, 치즈를 더한 클래식한 레시피입니다. 씹을수록 고소한 바게트에 잘 어울리는 에담치즈를 곁들여 짭조름하지만 입맛을 돋우는 감칠맛이 있습니다.

INGREDIENTS

하드 바게트 18~20cm 1개, 버터 2T, 홀그레인 머스터드 20g,
에담치즈 1장, 린햄 2장

RECIPE

① 바게트를 가로로 포 뜨듯 끝자락을 남기고 썬다. 살짝 열어 안쪽 양면에 버터를 1T씩 바르고 그 위에 홀그레인 머스터드를 양면에 10g씩 바른다.

② 치즈와 햄을 반으로 잘라 햄→치즈→햄→치즈 순으로 올린다. 그대로 먹어도 좋고 먹기 직전 180℃ 오븐에 2분 정도 따뜻하게 데우면 맛이 좋다.

PART 3 | 바게트&사워도우 샌드위치

튜나, 토마토, 루콜라 바게트

Tuna with Tomato and Rucola Baguette Sandwich

튜나와 토마토의 수분이 하드 바게트 속을 촉촉하게 만듭니다. 겉면은 바삭하지만 속은 쫄깃한 식감을 즐길 수 있죠. 바게트 샌드위치를 손에 쥐고 한입씩 뜯으며 파리지앵처럼 산책해보는 건 어떨까요? 긴 바게트를 썰어 만들기보다는 작은 바게트로 만들어 포장해보세요.

INGREDIENTS

적양파 ¼개, 하드 바게트 작은 것 1개, 마요네즈 30g, 교나 10줄기, 미니코스 3장, 토마토 ⅓개, 아삭아삭 채소 가득 참치 100g 44 페이지 참고, 소금·검은 후추 적당량

RECIPE

❶ 바게트를 가로로 포 뜨듯 끝자락을 남기고 썬 후 살짝 열어 빵안쪽에 마요네즈를 바른다.

❷ 씻어서 물기를 제거한 교나와 미니코스를 올린다.

❸ 적양파는 0.2cm 두께로 얇게 썬다.

❹ 토마토는 0.7cm 두께로 썰고 소금과 검은 후추를 뿌려 간을 한 다음 미니코스 위에 올리고 그 위에 아삭아삭 채소 가득 참치를 올린 후 검은 후추를 뿌린다.

❺ 적양파 슬라이스를 올리고 빵을 덮는다.

TIP 포장 팁

바게트 샌드위치의 색감이 보일 수 있도록 투명 유산지를 사용해보세요. 유산지를 샌드위치에 한 바퀴 돌려 감고 원하는 스티커를 붙입니다. 이동할 예정이라면 일반 바게트 종이 팩에 한 번 더 싸는 것을 추천합니다.

PART 3　바게트&사워도우 샌드위치

구운 닭과
버섯 바게트

Roasted Chicken
with Mushroom Baguette
Sandwich

팬에 잘 구운 닭다리와 바게트, 구운 버섯과 소스 등을
한 접시에 각각 배치한다고 생각해보세요. 레스토랑의 메인 메뉴에
등장하는 단품 메뉴 구성과 같습니다. 이를 샌드위치로 간단하게
조합해보았습니다. 와인과 함께 즐겨보시길 추천합니다.

TIP

애느타리버섯을 물에 씻으면 스펀지처럼 물을 흡수했다가 조리 과정에서 수분을 뿜어내 원하는 쫄깃한 질감과 색을 얻기 어렵습니다. 애느타리버섯은 깨끗한 천으로 부드럽게 닦아주는 것으로 충분합니다.

INGREDIENTS

하드 바게트 18~20cm 1개, 애느타리버섯 1송이, 정제 올리브유 20g, 소금·검은 후추 적당량, 남프랑스 아이올리 30g 75 페이지 참고, 팬프라이 닭다리살 1개 45 페이지 참고, 다진 파슬리 적당량

RECIPE

❶ 애느타리버섯은 먹기 좋게 손으로 뜯어 뜨겁게 달군 팬에 올리브유를 두르고 색이 나도록 볶는다. 소금과 검은 후추로 간을 하고 꺼낸다.

❷ 바게트를 가로로 포 뜨듯 끝자락을 남기고 썬 후 살짝 열어 양면에 남프랑스 아이올리를 발라 팬프라이한 닭과 버섯을 올리고 파슬리를 뿌린다.

PART 3 | 바게트&사워도우 샌드위치

치즈 풍미가 강한
마루아유 바게트

Maroilles Cheese Baguette Sandwich

깊은 맛을 내는 치즈 하나로도 멋진 샌드위치를 만들 수 있죠.
치즈의 맛을 받쳐주는 재료들과 함께라면 더욱 좋고요. 풍미가 강한
치즈지만 어울리는 재료와 함께 조합한다면 숙성 치즈에 부담을
느끼는 분들이라도 맛있게 즐길 수 있을 거예요. 마루아유치즈와
린햄, 고소함을 더해줄 버터와 머스터드로 숙성 치즈 샌드위치에
입문해보세요.

INGREDIENTS

하드 바게트 작은 것 1개, 버터 적당량, 디종 머스터드 15g, 미니코스 2장, 교나 10줄기, 마루아유치즈 25g, 린햄 2장, 검은 후추 적당량

RECIPE

❶ 바게트를 가로로 포 뜨듯 끝자락을 남기고 썰어 빵 안쪽 양면에 버터를 바르고 그 위에 디종 머스터드를 바른다.

❷ 미니코스 2장을 나란히 놓고 그 위로 교나잎을 길게 담는다.

❸ 마루아유치즈는 두께 0.5cm 정도로 잘라 올리고 린햄은 반으로 접어 넣는다.

❹ 검은 후추를 햄 위에 뿌린다.

❺ 먹기 편하게 4번 정도 칼집을 넣는다.

PART 3　바게트&사워도우 샌드위치

발사믹 식초에 졸인 양파와 리코타치즈 오픈 샌드위치

Balsamic Onion and Ricotta Cheese Tartin

오픈 샌드위치는 빵을 덮지 않은 샌드위치를 일컫는 말로 타틴Tartin, 크로스티니Crostini를 포함합니다. 여러 가지 맛을 즐기고 싶을 때, 배부르지 않게 먹고 싶을 때 오픈 샌드위치를 준비합니다. 특히 담긴 재료들을 그대로 보여줄 수 있어 시각적인 부분을 만족시킬 수 있습니다. 이번에 소개하는 샌드위치는 짙은 색감의 발사믹 양파와 흰색의 리코타치즈로 맛과 색의 대비를 주었는데요. 이렇게 단순한 구성으로도 샌드위치에 화려한 느낌을 줄 수 있습니다.

INGREDIENTS

돔형 사워도우 2cm 1개, 발사믹 양파 30g, 교나잎 10줄기,
올리브유 적당량, 리코타치즈 30g, 소금·검은 후추 적당량

발사믹 양파 ▶ 적양파 1개, 정제 올리브유 10g, 소금·검은 후추 적당량,
생로즈메리 1줄기, 발사믹 식초 100g, 꿀 50g

RECIPE

① 적양파는 껍질을 벗기고 0.2cm 두께로 채 썬다. 냄비에 정제 올리브유를 두르고 양파를 넣어 중불에서 볶다가 소금과 검은 후추를 넣어 밑간하고 2분 정도 볶는다.

② 로즈메리, 발사믹 식초, 꿀을 볶은 양파에 넣고 10~15분 끓여 소스가 흐르지 않을 정도로 졸인다.

③ 교나는 깨끗이 씻어 7~8cm 길이로 썬다.

④ 사워도우는 토스터에 넣고 2분 정도 노릇하게 굽는다.

⑤ 볼에 교나잎과 정제 올리브유, 소금, 검은 후추를 넣고 살짝 버무려 구운 사워도우 위에 자연스레 펼쳐 올린다.

⑥ 리코타치즈는 작은 숟가락으로 떠 올리고 끈적이는 발사믹 양파는 젓가락을 이용해 얹는다. 전체적으로 검은 후추를 뿌린다.

알아두기

리코타치즈를 집에서도 만들 수 있나요?

치즈 전문 매장에서 사도 되지만 집에서도 간단히 만들 수 있습니다. 아래 레시피를 참고해주세요.

INGREDIENTS(리코타치즈 2C 분량) ▶ 우유 500ml, 생크림 90ml, 소금 4g, 레몬주스 35ml

① 냄비에 우유와 생크림, 소금을 넣고 중불로 끓인다.

② 재료가 끓기 시작하면 불을 끄고 레몬주스를 넣어 나무 주걱으로 살살 젓는다.

③ 굵은 체에 면포를 깔고 수분과 뭉글뭉글 어우러진 치즈를 부은 후 1시간 정도 지나 수분이 빠지면 완성. 냉장고에 넣어두고 사용한다.

발사믹 식초에 졸인 양파와 리코타치즈 오픈 샌드위치

베이글 샌드위치
BAGEL SANDWICH

베이글 스프레드 네 가지
4 BAGEL SPREAD ▸ 138P

말린 토마토 크림치즈&올리브 초코 베이글 샌드위치
CHOCOLATE BAGEL WITH OLIVES IN DRIED TOMATO CREAM CHEESE SANDWICH ▸ 140P

마스카르포네 크림과 팥앙금 베이글 샌드위치
MASCARPONE CREAM AND RED BEAN PASTE BAGEL SANDWICH ▸ 141P

훈제 연어&오이 양파 피클 샐러드 베이글 샌드위치
SMOKED SALMON AND PICKLED CUCUMBER ONION SALAD BAGEL SANDWICH ▸ 142P

BELT(베이컨, 달걀, 레터스, 토마토) **베이글 샌드위치**
BELT BAGEL SANDWICH ▸ 144P

온리 포 유 러빙 베이글 샌드위치
ONLY FOR YOU LOVING BAGEL _ BEET, AVOCADO, OMELET EGGS SANDWICH ▸ 146P

PART 3 | 베이글 샌드위치

베이글 스프레드

드라이 베리 크림치즈
DRIED BERRY CREAM CHEESE

INGREDIENTS ▶ 크림치즈 200g, 크랜베리 50g, 건포도 30g, 생크림 또는 우유 적당량, 소금 적당량

① 크랜베리와 건포도는 반으로 자른다.
② 크림치즈, 소금, 생크림 또는 우유를 넣고 스패출라를 사용해 부드럽게 풀어준다.
③ 건포도와 크랜베리를 넣고 가볍게 섞는다.

TIP 크림치즈를 부드러운 상태로 만들고 부가 재료를 넣어야 재료들이 뭉개지지 않고 잘 섞이게 됩니다.

말린 토마토 크림치즈
DRIED TOMATO CREAM CHEESE

INGREDIENTS ▶ 크림치즈 200g, 방울토마토 500g(10~12개), 올리브유 20g, 생크림 또는 우유 적당량, 소금·검은 후추 적당량

① 볼에 방울토마토와 올리브유, 소금, 검은 후추를 넣어 섞고 190℃ 오븐에 7~8분 구워 꺼낸다.
② 크림치즈, 소금, 생크림 또는 우유를 넣고 스패출라를 사용해 부드럽게 농도를 풀어준다.
③ 말린 토마토를 넣고 가볍게 섞는다.

샌드위치 레시피

너트 꿀 크림치즈
NUTS & HONEY CREAM CHEESE

INGREDIENTS ▶ 크림치즈 200g, 호두 70g, 아몬드 40g, 꿀 50g, 생크림 또는 우유 적당량, 소금 적당량

① 통호두와 아몬드는 각각 3등분해 180℃로 예열한 오븐에 넣어 3~5분 굽는다.

② 한 김 식는 동안 크림치즈, 꿀, 소금, 생크림 또는 우유 적당량을 볼에 넣고 스패출라를 이용해 농도를 맞춘다. 호두와 아몬드를 넣고 가볍게 섞는다.

너트 꿀 크림치즈

지중해 크림치즈
MEDITERRANEAN CREAM CHEESE

INGREDIENTS ▶ 크림치즈 200g, 케이퍼 20g, 그린 올리브 50g, 생크림 또는 우유 적당량, 소금 적당량

① 케이퍼는 찬물에 3분 정도 담가 염기를 제거하고 2회 정도 헹궈 물기를 제거한다. 케이퍼와 올리브를 반으로 썬다.

② 크림치즈, 소금, 생크림 또는 우유를 넣고 스패출라를 사용해 부드럽게 섞는다. 그린 올리브와 케이퍼를 넣고 가볍게 섞어 완성한다.

말린 토마토 크림치즈

PART 3 | 베이글 샌드위치

말린 토마토 크림치즈 & 올리브 초코 베이글 샌드위치

간단한 레시피지만 입맛을 자극하는 초콜릿 베이글의 색감과 올리브를 이용해 먹음직스러운 샌드위치를 만들었습니다. 짭짤한 그린 올리브와 토마토 크림치즈 조합은 맥주나 와인과도 잘 어울립니다.

Chocolate Bagel with Olives in dried Tomato Cream Cheese Sandwich

INGREDIENTS

초콜릿 베이글 1개, 말린 토마토 크림치즈 60g 139페이지 참고, 그린 올리브 6개

RECIPE

① 구운 초콜릿 베이글에 토마토 크림치즈를 두껍게 올린다.

② 그린 올리브는 베이글 빵을 덮고도 옆면에서 보일 수 있도록 중앙에 자유롭게 올린다.

③ 베이글 빵으로 덮어 마무리한다.

TIP

다소 심심할 수 있는 크림치즈에 짭짤한 올리브를 더하면 간이 딱 맞습니다. 그린 올리브는 씨가 있는 것과 제거된 것이 있는데, 샌드위치용으로는 씨가 없는 올리브를 사는 것이 좋습니다.

/ 샌드위치 레시피 /

마스카르포네 크림과
팥앙금 베이글 샌드위치

빵의 속 재료로 사랑받는 팥앙금을 샌드위치 재료로 활용했습니다. 여기에 마스카르포네 크림을 조합해 부드러운 치즈의 풍미를 더했습니다. 쫄깃한 베이글 식감과 사르르 녹아내리는 팥앙금, 마스카르포네 크림을 즐겨보세요.

Mascarpone Cream and Red Bean Paste Bagel Sandwich

INGREDIENTS

베이글 1개, 팥앙금 40g, 마스카르포네 크림 40g **76 페이지 참고**

RECIPE

① 구운 베이글에 팥앙금을 올린다.

② 마스카르포네 크림을 올리고 베이글 빵으로 덮는다.

TIP

마스카르포네 크림을 자연스럽게 올리거나 깨끗한 단면을 만들고 싶다면 일회용 비닐에 마스카르포네 크림을 넣고 모서리를 가위로 잘라 짤주머니로 만들어보세요. 베이글 위에 한 바퀴 돌리듯 원을 그리며 짜주세요.

PART 3 | 베이글 샌드위치

훈제 연어 &
오이 양파 피클 샐러드
베이글 샌드위치

Smoked Salmon and pickled Cucumber Onion Salad Bagel Sandwich

훈제 연어는 보통 식전에 입맛을 돋우는 요리에 많이 쓰입니다. 베이글처럼 포만감 있는 빵과 함께 샌드위치를 만들면 든든한 한 끼 식사로도 만들 수 있습니다. 부드러운 연어에 아삭한 식감을 더하는 오이 양파 샐러드를 듬뿍 넣어 만들어보세요.

INGREDIENTS

깨 베이글 1개, 훈제 연어 슬라이스 5장, 절인 오이 양파 샐러드 1줌,
지중해 크림치즈 40g **139 페이지 참고**

오이 양파 피클 샐러드(샌드위치 2개 분량)
▶ 오이 1개, 적양파 ½개, 물 1C, 소금 1ts

RECIPE

① 오이는 가로로 반을 갈라 얇게 썰고 적양파는 얇게 채 썬다.

② 볼에 미지근한 물과 소금을 넣고 잘 녹인 뒤 오이와 적양파를 넣고 20분 동안 절인다. 오이와 적양파는 건져 물기를 꼭 짜고 사용할 때까지 냉장고에 넣는다.

③ 구운 깨 베이글은 바닥 면에 지중해 크림치즈를 두껍게 바르고 윗면에는 얇게 바른다.

④ 크림치즈에 훈제 연어 슬라이스를 올린다.

⑤ 절인 오이 양파 샐러드를 주먹으로 공처럼 쥐어 훈제 연어에 올리고 그 위에 베이글을 꾹 눌러 덮는다.

TIP
연어에 새콤한 케이퍼와 올리브를 곁들이면 더욱 맛이 좋습니다. 크림치즈에 미리 케이퍼와 올리브를 섞어 베이글에 바르면 먹을 때 후두둑 떨어지지 않습니다.

BELT
베이글 샌드위치

BELT
Bagel Sandwich

기본 BLT 샌드위치에 달걀이 추가된 샌드위치로 BELT로 부릅니다. 달걀이 들어가 전체적으로 맛이 부드럽고 포만감도 있어 좋지요. 달걀은 수란으로 만들어 갈랐을 때 터져 나오는 노른자가 진한 샌드위치 맛을 연출합니다.

INGREDIENTS

깨 베이글 1개, 달걀 1개, 토마토 ⅓개, 버터 1Ts, 비타민 5개,
캔디드 베이컨 2장 47 페이지 참고, 아메리칸 체더치즈 2장, 프리제 1줌,
소금·검은 후추 적당량

RECIPE

① 달걀을 볼에 모양이 깨지지 않도록 조심히 깨둔다.

② 물을 끓여 바닥에서 기포가 올라오면 소금과 식초를 넣는다. 수저로 물을 돌리며 소용돌이를 만든 다음 그 가운데에 달걀을 살살 밀어 넣는다. 2분 정도 지나 달걀흰자가 익으면 건져 찬물에 담갔다 식으면 물기를 뺀다.

③ 토마토는 1cm 두께로 원형으로 썰고 소금과 검은 후추를 뿌려 밑간을 한다.

④ 구운 베이글에 버터를 바르고 비타민, 캔디드 베이컨, 아메리칸 체더치즈, 토마토, 수란, 프리제잎을 올리고 베이글 빵으로 덮는다.

⑤ 포일이나 유산지에 공간 없이 잘 포장 후 2등분한다.

PART 3 | 베이글 샌드위치

온리 포 유 러빙 베이글 샌드위치

Only for You Loving
Bagel Sandwich

샌드위치 이름에서 전해지듯 당신만을 위한 사랑이 듬뿍 담긴
베이글입니다. 삶은 비트와 아보카도 달걀 오믈렛, 당근 등 어쩌면
제가 좋아하는 식재료가 다 들어 있어 저에게 하는 말인지도
모르겠습니다.

샌드위치 레시피

INGREDIENTS

베이글 1개, 당근 30g, 유자 마요 40g 75 페이지 참고, 달걀 2개, 버터 1Ts, 정제 올리브유 1ts, 크림치즈 20g, 아보카도 ½개, 삶은 비트(소) 1개, 소금 적당량

RECIPE

❶ 당근은 얇게 채 썰어 유자 마요에 20분 정도 재워 맛을 가미한다.

❷ 볼에 달걀과 소금을 넣고 거품기로 잘 풀어준다. 팬을 중불로 가열하고 올리브유와 버터를 넣는다.

❸ 버터가 녹으면 달걀물을 넣고 스패출라 또는 나무젓가락으로 살살 저으며 스크램블을 만들다가 반정도 익으면 불을 끄고 뚜껑을 덮어 1분 정도 남은 열로 익힌다. 뚜껑을 열고 달걀을 반으로 접고 이어 다시 반으로 접어 오믈렛을 만든다.

❹ 구운 베이글에 크림치즈를 바르고 아보카도를 0.7cm 두께로 썰어 올린다.

❺ 삶아둔 비트 역시 0.7cm 두께로 썰어 올리고 그 위에 오믈렛, 채 썬 당근 순으로 올리고 빵을 덮는다.

알아두기

비트는 어떻게 삶아야 할까요?

우선 비트를 깨끗이 씻어 냄비에 넣고 찬물을 넉넉히 붓습니다. 고구마보다 섬유질이 훨씬 촘촘하고 단단해 뚜껑을 덮고 40분에서 1시간 정도 푹 삶아야 합니다. 비트는 삶을 때 비트의 붉은 색소가 진하게 묻어 나옵니다. 비트 색이 다른 재료에 묻지 않도록 손질할 때 장갑을 끼는 것을 추천합니다.

크루아상 샌드위치
CROISSANT SANDWICH

킹 오브 더 햄 크루아상 샌드위치
KING OF THE HAM CROISSANT SANDWICH ▶ 150P

아삭아삭 양상추 치킨 크루아상 샌드위치
ICEBERG LETTUCE WITH PAN FRIED CHICKEN CROISSANT SANDWICH ▶ 152P

소시지 스리라차 마요 크루아상 샌드위치
SAUSAGE CROISSANT WITH SRIRACHA MAYO SANDWICH ▶ 154P

PART 3 | 크루아상 샌드위치

킹 오브 더 햄
크루아상 샌드위치

King of the Ham
Croissant Sandwich

버터의 고소한 맛을 품은 크루아상에 햄, 치즈를 곁들여 클래식한
샌드위치를 만들어보았습니다. 홀그레인 겨자 마요로 적절한 산미를
더하면 조화로운 맛을 낼 수 있습니다.

INGREDIENTS

크루아상 1개, 홀그레인 겨자 마요 20g 75 페이지 참고, 슬라이스 에담치즈 1장, 치커리 10줄기, 린햄 2장, 검은 후추 적당량, 올리브 1알

RECIPE

① 크루아상은 중앙에 칼집을 넣어 반으로 가르고 홀그레인 겨자 마요네즈를 안쪽 양면에 바른다.

② 린햄과 에담치즈는 반으로 썬다.

③ 치커리를 크루아상 사이에 넣고 그 위에 에담치즈를 길게 놓는다.

④ 반으로 썬 린햄은 돌돌 말아 치즈 위에 놓는다. 린햄 위에 검은 후추를 뿌리고 크루아상을 덮는다. 올리브를 고정 핀과 함께 중앙에 꽂는다.

TIP

크루아상은 일반 토스터에는 들어가지 않아 굽지 않습니다. 단 오븐 토스터가 있다면 기호에 따라 따뜻하게 구워 사용해도 됩니다.

PART 3 | 크루아상 샌드위치

아삭아삭 양상추 치킨 크루아상 샌드위치

Iceberg Lettuce
with Pan fried Chicken
Croissant Sandwich

아삭아삭 겹겹이 두텁게 올린 양상추와 바삭한 크루아상 소리만 들어도 맛있겠다는 생각이 듭니다. 팬에 구운 닭다리살에 남프랑스 아이올리를 소스처럼 올려 드세요.

INGREDIENTS

크루아상 1개, 남프랑스 아이올리 40g 75페이지 참고, 양상추 50g,
팬프라이 닭다리살 1개 45페이지 참고

RECIPE

❶ 크루아상은 중앙에 칼집을 넣어 가르고 남프랑스 아이올리 중
20g을 안쪽 양면에 바른다.

❷ 양상추는 크루아상 사이즈에 맞게 잘라 겹겹이 올려
크루아상 안으로 넣고 팬프라이한 닭다리살을 올린다.
남은 남프랑스 아이올리 20g을 수저로 올리고 빵을 덮는다.

PART 3　크루아상 샌드위치

소시지 스리라차 마요 크루아상 샌드위치

Sausage Croissant with Sriracha Mayo Sandwich

소시지를 푹 껴안은 크루아상 샌드위치입니다. 베트남 식당에 가면 늘 있는 스리라차가 마요네즈와 만나며 소시지와 크루아상의 조화에 매콤달콤한 맛을 더합니다.

INGREDIENTS

크루아상 1개, 소시지 1개, 스리라차 마요 20g 75 페이지 참고,
겨자잎 2장, 다진 양파 1ts, 다진 스위트 피클 1ts, 파슬리 적당량

RECIPE

❶ 끓는 물에 소시지를 넣고 중불로 줄여 3분 정도 데친다.

❷ 크루아상은 중앙에 칼집을 넣어 반으로 가르고 스리라차 마요를 안쪽 양면에 바른다.

❸ 겨자잎 2장을 크루아상 안에 넣고 다진 양파와 다진 스위트 피클을 올린 후 데친 소시지를 넣는다.

❹ 파슬리를 올려 마무리한다.

소시지 스리라차 마요 크루아상 샌드위치

SPONSORSHIP

피터스팬트리 ○ PETER'S PANTRY
간결하고 모던한 디자인의 주방용품을 판매하는 회사로 요리의 시작을 더욱 쉽고 편하게 할 수 있도록 돕는다. 책에 소개된 전자저울은 실리콘 디스플레이에 무게와 부피가 표시되며 단위 호환이 가능하다.
TEL 070-7757-2115 | WEB www.peterspantry.co.kr

마켓 컬리 ○ MARKET KURLY
전국 방방곡곡의 산지를 찾아다니며 좋은 재료와 새로운 맛을 찾아내는 컬리 마켓. 70여 가지 기준으로 엄선한 상품만을 선보이는 모바일 프리미엄 마트로 품질이 우수하고 합리적인 가격의 상품을 큐레이션 해 집 앞까지 배송하는 서비스를 제공한다. 샛별 배송 시스템으로 밤 11시 전까지 주문하면 다음 날 아침 7시 전에 배송이 완료된다.
TEL 1644-1107 | WEB www.kurly.com

구르메 F&B 코리아 ○ GOURMET F&B KOREA
200여 종 이상의 다양한 유럽 치즈를 비롯해 푸아그라, 캐비어, 트러플 등 유럽의 식재료를 수입해 국내에 선보이고 있다. 제품을 맛있게 활용할 수 있도록 치즈 북, 레시피 카드 제작 및 쿠킹 클래스를 열기도 한다.
TEL 02-790-1717 | WEB www.gourmet.co.kr

SANDWICH